足球学校

姓名：..................
班级：..................
教练：..................

我 踢 故 我 在

致邦佐。
——〔英〕亚历克斯·贝洛斯

致亲爱的 ABC 和 M。
——〔英〕本·利特尔顿

致一直以来我的工作室伙伴——弗雷迪和比斯科特。
——〔英〕斯派克·格雷尔

图书在版编目（CIP）数据

足球如何点亮世界/(英)亚历克斯·贝洛斯, (英)本·利特尔顿著；(英)斯派克·格雷尔绘；王凌宇译. ——北京：中译出版社, 2023.1（2023.6重印）

(足球学校)

书名原文：Football School Season 4: Where Football Explains the World: Celebrates

ISBN 978-7-5001-7126-3

Ⅰ.①足… Ⅱ.①亚… ②本… ③斯… ④王… Ⅲ.
Ⅲ.①足球运动—体育运动史—世界—少儿读物 Ⅳ.
①G843.91-49

中国版本图书馆CIP数据核字(2022)第117953号

审图号：GS京（2022）0377号
本书插图系原文原图

(著作权合同登记：图字01-2022-2611)

FOOTBALL SCHOOL SEASON 4: Where Football Explains the World
Text copyright © 2019 by Alex Bellos and Ben Lyttleton
All rights reserved including the rights of reproduction in whole or in part in any form.
Illustrations © 2019 Spike Gerrell
Published by arrangement with Walker Books Limited, London SE11 5HJ.
All rights reserved. No part of this book may be reproduced, transmitted, broadcast or stored in an information retrieval system in any form or by any means, graphic, electronic or mechanical, including photocopying, taping and recording, without prior written permission from the publisher.
The simplfied Chinese translation copyrights © 2022 by China Translation and Publishing House
All rights reserved.

足球如何点亮世界
ZUQIU RUHE DIANLIANG SHIJIE

著　者：	[英]亚历克斯·贝洛斯　[英]本·利特尔顿
绘　者：	[英]斯派克·格雷尔
译　者：	王凌宇
策　划：	中译童书
责任编辑：	张　猛
文字编辑：	胡婧尔
营销编辑：	王子超　张　猛
装帧设计：	Adam
排　版：	北京七彩世纪
出版发行：	中译出版社
地　址：	北京市西城区新街口外大街28号普天德胜大厦主楼4层
邮　编：	100088
电　话：	(010) 68359827, 68359303（发行部）；(010) 68002876（编辑部）
电子邮箱：	book@ctph.com.cn
网　址：	http://www.ctph.com.cn
印　刷：	北京博海升彩色印刷有限公司
规　格：	1100 mm×840 mm　1/32　印　张：6.5　字　数：100千字
版　次：	2023年1月第1版　印　次：2023年6月第2次

ISBN 978-7-5001-7126-3　　　定　价：36.00元

版权所有　侵权必究
中译出版社

足球如何~~解释~~点亮世界

[英]亚历克斯·贝洛斯 [英]本·利特尔顿 著
[英]斯派克·格雷尔 绘
王凌宇 译

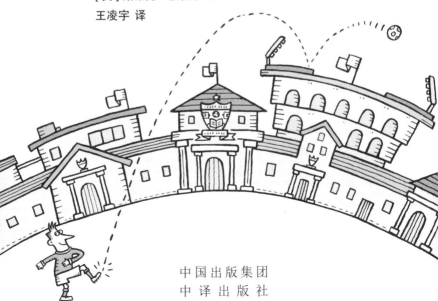

中国出版集团
中译出版社

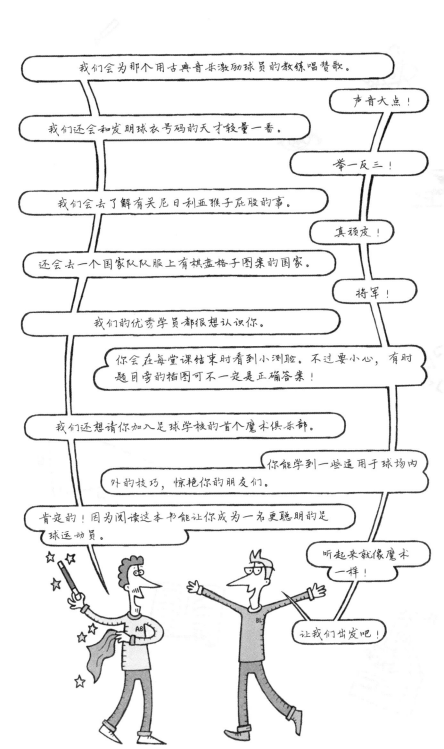

认识一下你的教练

亚历克斯·"贝洛尔多"·贝洛斯

66 朋友,你好!99

☆☆ 教练 档案

出生地:牛津

最喜欢的电影:《玩具总动员》

最喜欢的蔬菜:茄子

最喜欢的水果:芒果

一天之中最喜欢的时段:醒来的时候

最喜欢的袜子颜色:带有红点的蓝袜子

想要看哪场比赛直播? 巴西对阵阿根廷

看比赛时最喜欢的位置:从中线观看

最喜欢的教练:马塞洛·贝尔萨

时尚榜样:卡洛斯·巴尔德拉马

字母表前五位的五人梦之队(A–E):阿利松、布龙泽、查尔顿、德布劳内、埃里克森

☆

教练

出生地：伦敦

最喜欢的电影：《龙蛇小霸王》

最喜欢的蔬菜：菠菜

最喜欢的水果：菠萝

一天之中最喜欢的时段：开球前

最喜欢的袜子颜色：粉色

想要看哪场比赛直播？博卡青年对阵阿根廷河床

看比赛时最喜欢的位置：在球门后

最喜欢的教练：托马斯·图赫尔、埃马·海耶斯

时尚榜样：达尼·阿尔维斯

字母表后五位的五人梦之队（V-Z）：范德萨、万·比萨卡、哈维、扬基、齐达内

本·"笔点球"·利特尔顿

"裁判，罚点球！"

课程表

	星期一	星期二
点 名		
第一节 第二节	生物 10—23	音乐 52—65
第三节 第四节	现代语言 24—35	计算机科学 66—79
午餐 下午 1:00—2:00		
第五节	数学 36—51	哲学 80—93

你会和我们的优秀学员一样聪明吗?

星期三	星期四	星期五
上午 8:30—8:40		
学校郊游 94—113	历史 114—125	心理学 152—163
^	个人健康与社会教育 126—139	政治 164—177
午餐下午 1:00—2:00		
^	英语 140—151	魔术 178—197

小测验的答案在200页。但不能作弊哦！

星期一 第一节 + 第二节 生物

大家一起来舔舔嘴唇吧,我们要以唾液庆典开启这一天!

唾液是一种非常特殊的液体,它有许多用处,既能帮助我们分解食物,又能清洁我们的牙齿。

你还会经常在球赛上看到它从球员口中飞溅出来。

在这堂课上,我们将会探究为什么球员有时会忍不住用嘴巴发射这些黏稠的小水珠。我们会看到一些比赛中最讨人嫌的爱吐口水的选手,还会去研究一种完全用唾液做成的汤!咕咚咚!

请问您吐得——啊!不好意思,是坐得还舒服吗?现在就让我们一起去研究口水吧!

唾液直播中

请先回忆一下,你这辈子吃过的最美味的蛋糕是什么。想想那如海绵般的蛋糕与舌头碰触时是多么轻柔,糖霜在你口中融化时又是多么甜蜜。嗯……

当你在回忆蛋糕的滋味时,有没有发现舌头下面出现了唾液?通常我们一想到最爱的食物时,我们口中的唾液腺就会被激活。

这些腺体是会分泌唾液的小孔。你能在舌头下方、喉咙上部和脸颊两侧找到这些腺体。如果你用舌头去舔脸颊内部,应该可以感觉到两边各有一个小肿块,那就是**唾液导管**。说了这么多唾液的事情,你的嘴巴里应该满是口水了吧。不过可千万别在课上吐口水哦!

人类就是唾液制造机:一个成人每天可以轻松制造 1—1.5 升的唾液。

超级唾液

唾液是一种有着诸多用处的神奇物质。首先,它是最好、最便宜的口腔卫生清洁剂。你知道嘴巴里的唾液有以下4个重要的功能吗?

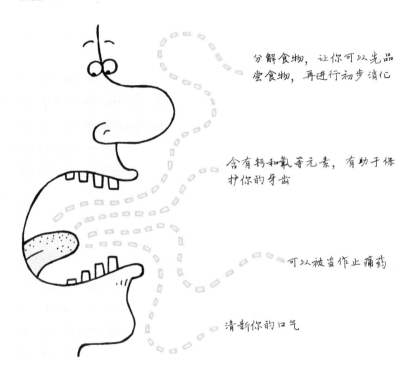

分解食物,让你可以先品尝食物,再进行初步消化

含有钙和氟等元素,有助于保护你的牙齿

可以被当作止痛药

清新你的口气

其实,我们早晨起床时会有口臭,就是因为夜间缺少唾液,口腔里滋生了许多细菌。唾液中含有能杀死细菌的化学物质。但当我们睡着时,唾液分泌减少,使得细菌队伍得以在口腔中发展壮大,最终造成起床后的口臭。哎呀——快把牙膏给我!

足球让世界垂涎三尺

唾液中藏着你的健康秘密,这就是为什么许多俱乐部会定期检测自家球员的唾液。医生会在唾液中寻找许多不同的化学物质,包括:

皮质醇:一种表明你压力大小的化学物质。
睾酮:一种与你是否好斗相关的化学物质。
免疫球蛋白 A:这种化学物质跟嘴巴和足球都没什么关系。它是免疫系统的重要组成部分,可以帮助你预防疾病。

如果一名球员唾液样本中的皮质醇和睾酮含量都低于正常值,那就说明他或她可能训练过度了。而如果其中免疫球蛋白 A 的水平较低,就表示球员可能更容易感染疾病。队医接收到这些危险信号后,可能会建议球员改变自己的训练计划。

类似的信息也可以通过检测球员的血液获得,但通常俱乐部更喜欢检测球员的唾液,毕竟让球员往试管里吐口水,或是让医生用棉签擦拭他们的舌头,会比抽血快得多,也方便得多。

做得好

人们都知道，足球运动员会在比赛间隙往草坪上吐口水。然而其他体育运动员，例如英式橄榄球选手、网球选手、自行车骑手和体操运动员，却很少吐口水。为了弄清楚为什么足球运动员总是控制不住自己似的吐口水，我们咨询了唾液专家、体育专家和足球运动员。对此，我们了解到以下几点信息：

关于为何足球运动员比其他运动员更频繁地吐口水，目前并无医学上的原因。

吐口水是足球文化的一部分。当你看到其他球员吐口水时，你自己也会想这么做。

一位前英格兰足球超级联赛（简称英超）的球员告诉我们："一开始吐口水是为了清理口腔，后来一些人把这当成了一种习惯。这是一种完全无意识的行为。每个人吐的量是不同的。有些人吐得很少，有些人则是一没传好球就想吐口水。"

口水人物

尽管吐口水是个坏习惯,但足球运动员却被允许在球场上这样做。不过朝人吐口水是绝对被禁止的。在英超,这种冒犯行为会导致你禁赛六场。

① 原文dribbling,既有"带球"之意也有"流口水"之意。

埃尔·哈吉·迪乌夫

埃尔·哈吉·迪乌夫在为利物浦效力期间,曾在和凯尔特人的比赛中向一位凯尔特人球迷吐口水,最终双方为此对簿公堂。迪乌夫对人身攻击罪的指控供认不讳,被处以5000英磅罚款。利物浦也罚了他两周的工资,并禁止他参加两场比赛。

法比安·巴特斯

法国守门员法比安·巴特斯的最佳时刻是法国队赢得1998年世界杯冠军,而他的最糟时刻则是在2005年因向裁判吐口水,导致禁赛6个月。这件事发生在一场非常不友好的友谊赛中,对阵双方分别是法比安所在的马赛俱乐部和卡萨布兰卡维达德俱乐部,最终这场比赛演变成了一场争吵大战。

弗兰克·里杰卡尔德

1990年世界杯第二轮赛程中,荷兰队对阵联邦德国队。当时两队参赛球员都对彼此心怀不满。联邦德国球员鲁迪·沃勒尔和荷兰球员里杰卡尔德都被罚离场,当他们走向边线时,里杰卡尔德朝沃勒尔的头发吐了一口浓痰。这种极其错误的行为,成了世界杯历史上的著名事件之一。

吐东西运动

世界上有一些比赛需要参赛者尽可能远地往外吐东西。让我们来看看他们都在吐什么吧！不过我们就不要尝试这种运动了。

吐樱桃核

在2004年国际吐樱桃核冠军赛上，一位选手吐出了28.51米的世界纪录。

吐蟋蟀

为了加强人们对昆虫的了解,一位动物学家设计出了这种运动。在放到嘴里前,蟋蟀必须先冷冻再解冻。这项运动的世界纪录是9.77米。

吐香槟塞

这项运动的世界纪录是一位选手在2014年吐出的8.55米。

吐口水的动物

许多动物都能和足球运动员竞争吐口水界霸主的地位！下面是足球学校最喜欢的一些动物。

汤里的口水

燕窝是一道用鸟类口水制成的中国佳肴。燕子是生活在亚洲地区的一种鸟类，它会用自己凝固的口水做巢。几百年来，中国人都会将燕子的窝做成汤羹，他们认为燕窝这种美味富含营养，对皮肤很好。

射 手

喷水鱼会从口中喷水，射中猎物，就像亚历克斯用水枪射中本一样。这种鱼会在靠近水面处游动，一旦看见某只肥美的昆虫，就会用水射它。接着那只昆虫就会落入水中被喷水鱼吞食。喷水鱼可以准确射中两米之外的昆虫，这是非常有难度的，因为水柱不是一条直线，而会在地球引力作用下变成曲线。

太可爱了

如果你发现一只美洲驼看起来有些焦虑,双耳向后平贴,并一直发出咯咯的声音,就赶紧躲开!它很可能要朝你吐口水了。这种毛茸茸的南美洲哺乳动物能准确射中 5 米之外的东西。不过美洲驼只会在感到害怕、相互打斗,或是展现自身力量时吐口水。通常它们还是非常和平友好的。但当它们吐……嗯,其实跟呕吐也差不多了,它们吐的东西很臭,而且是绿色的,那些东西的来源大概是它 3 个胃中的一个。

痰盂大军

如今吐痰并不是个被大众认可的行为,但在 18 世纪到 19 世纪,这是个非常正常的举动。无论是家里,还是像酒吧这类公共场所,都会有像小盆一样的容器让人往里吐痰,人们将之称为痰盂。到了大约 100 年前,由于医生发现痰中可能带有病菌,所以人们就不再这么做了。

优秀学员 泼匹斯·汉里甲

"没问'涕'!"

优秀学员 档案

每日唾液量:1.14 升
吐樱桃核距离:20 米
口腔中细菌种类:1000
美洲驼宠物数量:12
出生地:英格兰卡尔绍特斯比特
支持球队:戈布伦青年(马其顿)
最喜爱的球员:布莱尔·斯皮塔尔
特技:能全程带球

生物小测验

1. 唾液有以下哪种作用？
   a）洗头发
   b）绑鞋带
   c）塞衬衫
   d）清洁牙齿

2. 当医生想从唾液中检测球员是否训练过度时，需要找哪种物质？
   a）口香糖
   b）皮质醇
   c）牙菌斑
   d）早餐

3. 喷一块捻粪的世界纪录是15.56米。捻是一种生活在南非的什么动物？
   a）羚羊
   b）长颈鹿
   c）大象
   d）绵羊

4. 哪位艺术家说："如果我吐了口水，他们也会把我的口水装裱起来，当成伟大的艺术"？
   a）列奥纳多·达·芬奇
   b）巴勃罗·毕加索
   c）达明安·赫斯特
   d）班克西

5. 英文短语"a spitting image"（一个吐出来的画面）是什么意思？
   a）两个人看上去一模一样
   b）一朵乌云
   c）用吐口水绘成的图画
   d）一张愤怒的美洲驼画像

星期一　第三节＋第四节　现代语言

拉住你的马儿，冷静下来！这堂课我们要进行一场环球旅行，学习世界各地的足球短语。我们把这堂课称为 ABCD（WXYZ），全名为：Alex and Ben's Classroom Dictionary (Wildlife X-amples for Young Zoologists)，意思是：亚历克斯和本的课堂词典（小动物学家的野生动物示例）。本词典中的所有条目都与动物相关。无论你是巴黎的球迷，还是肯尼亚的评论员，又或是巴西的狂热分子，只要你想谈论足球，你就必须关注那些土里钻的、地上爬的、水里游的和天上飞的东西。

无论你说什么语言，动物短语总能用各种文字创意，让我们更加享受足球运动。当我们将球场上发生的事情和动物王国中的事情进行比较时，我们其实是在脑海中描绘一幅更加精彩纷呈、意趣盎然的图像。我们当然能把足球和其他任何东西比较，但和动物比较的效果总是最棒的，那是因为我们对动物很熟悉（最好别包括蛇），而且这些生物有着让人印象深刻的鲜明特征。这些短语会让我们如土狼一样大笑！我们相信它们就是最高质量的"蜜蜂膝盖[①]"！

---

① 原文为"the bee's knees"，意为"极好的人或物"，此处作者着重讲述语言中借用动物表达其他意思，因此译者选择直译，保留原文的幽默感。

亚历克斯和本的课堂词典

Aile de pigeon
意思：鸽子翅膀
发源地：法国
语言：法语

形容球员弯腿用脚后跟向后或向侧面踢。球员的腿和脚后跟之间会形成一个角度，这个角度就像鸽子翅膀一样。不过别用脚后跟踢到鸟了！

Bal yapmayan ari
意思：没有蜂蜜的蜜蜂
发源地：土耳其
语言：土耳其语

用来形容一名球员四处奔跑，但没能给球队带来任何帮助，又或是形容一支球队非常努力，却没有取得任何成绩。

Bubamara
意思：瓢虫
发源地：波斯尼亚和黑塞哥维那
语言：波斯尼亚语

这个词最初是1970年世界杯用球（使用黑色皮块的阿迪达斯足球）的波斯尼亚语外号。如今已被用来形容所有足球了。在波斯尼亚，瓢虫被视为是幸运的象征。

Atet nkura
意思：藏起来的老鼠
发源地：加纳
语言：契维语

形容一些前锋处在罚球区内，却没有做出任何防御性动作，就像藏在箱子里的老鼠一样。由于老鼠是一种很胆小的生物，所以将球员和老鼠比较。

小动物学家的野生动物示例

Buffelstoot

意思：野牛头球选手

发源地：比利时

语言：弗拉芒语

形容一名无法被阻拦的强势头球选手。最初是一名记者在形容一记强有力的头球进球时，使用了这个词语，随后便流传了下来。比利时记者选择这种形容其实很有意思，因为比利时只有动物园里才有野牛。

Culebrita

意思：小蛇

发源地：萨尔瓦多

语言：西班牙

一种前锋用来突破防守的技巧。球员需要用脚尖迅速在双脚间传球，然后带球突破防守向前。这种迅速转变足球方向的方法，几乎连最厉害的防守队员都无法抵挡，而足球左右摆动的路线正如一条滑行的小蛇。1982年萨尔瓦多国家队在世界杯亮相，当时队里的明星球员豪尔赫·"魔术师"·冈萨雷斯就完美展现了这一技巧。

Curi ayam

意思：偷鸡

发源地：马来西亚

语言：马来语

那些在越位规则边缘试探的前锋，总会在界线附近找麻烦，人们便形容这类前锋正在"偷鸡"。这个马来短语形容的是那些做事狡诈的人。不要将这个词和 kaki ayam 弄混了，后者的意思是"鸡脚"，形容的是光脚踢球的人。

Drible de foquinha

意思：海豹带球
发源地：巴西
语言：葡萄牙语

巴西小将克尔隆发明了这种新的运球方式后，有关他的新闻便迅速占据了世界头条。克尔隆的技巧包含了将足球从地面捞到头顶，再一面用头颠球一面跑动，就像一只受过良好训练的海豹一样，高扬起头，将球稳在鼻端。其他球员几乎不可能用不犯规的方法抢断克尔隆。实在是个"豹"炸级的技术！

Gajah sepakbola

意思：大象足球
发源地：印度尼西亚
语言：马来语

在泰国和印度尼西亚，有些地方会让游客观看大象踢足球。大象在踢足球时经常会四处跑动，努力地想要踢到球却总是踢不到。于是人们将这个场面和2014年印度尼西亚一场有争议的乙级比赛联系了起来。当时比赛双方（PSS苏莱曼和PSIS三宝垄）都想输掉比赛。最终比分为3∶2，但5个进球都是乌龙球。这两支球队后来都被取消了比赛资格，两队教练也被终身禁赛。

小动物学家的野生动物示例

Geomi-son
意思：蜘蛛手
发源地：韩国
语言：韩语

在韩国，人们将每个球都能守住的守门员称为"蜘蛛手"。最早的蜘蛛手是苏联守门员列夫·雅辛，他的外号是黑蜘蛛。后来曾参加过四届世界杯的韩国守门员李云在也被称为是"蜘蛛手"。

Kampfschwein
意思：战斗猪
发源地：德国
语言：德语

这个褒义短语是用来形容那些难对付的中场球员的，他们对困难时无所畏惧，总是勇往直前。哼哼！

Kukanyaga nyoka
意思：踩到了一条蛇
发源地：肯尼亚
语言：斯瓦希里语

当你试图去踢空中的足球却没踢中时，看起来就像踩到了一条蛇后赶紧往上跳一样。肯尼亚有超过100种蛇，因此肯尼亚球员得要特别小心脚下！别把这个短语和 piga ngoma kimo cha bafe 弄混啦，后者指的是"鼓腹毒蛇踢"，形容球员一记低射，球从球场呼啸而过，宛如一条鼓腹毒蛇。

亚历克斯和本的课堂词典

Lepkevadász

意思：蝴蝶捕手

发源地：匈牙利

语言：匈牙利语

形容试图扑救传中球的守门员，他的动作看起来就像一个人试图抓住蝴蝶，却失败了。

Makrellfotball

意思：马鲛鱼足球

发源地：挪威

语言：挪威语

这个词的出现是为了庆祝 IK 斯达队在 1978 年和 1980 年两次获得挪威甲级联赛冠军。斯达队位于港口城市——克里斯蒂安桑，距离北海和波罗的海很近。这支球队的核心球员在青训营时就一起踢球了，彼此非常熟悉，整支球队就像一个鱼群。因此如果一支球队踢球时球员能合作无间，就会被称为踢了"马鲛鱼足球"——听起来很有"鱼味"哦！

Monkey yansh

意思：猴子屁股

发源地：尼日利亚

语言：伊博语

当你在特别不平坦或是特别硬的地面上摔倒，身上留下的鲜艳淤青就像猴子的红屁股一样。

小动物学家的野生动物示例

Onde dorme a coruja

意思：猫头鹰睡觉的地方

发源地：巴西

语言：葡萄牙语

指的是球门上方的角落，那种无法阻挡的进球可能会落在这种地方。没有守门员能够防住一个冲着 onde dorme a coruja 而去的进球。这个短语的西班牙语版本是 donde anidan las aranas，意思是蜘蛛织网的地方。特立尼达拉岛人则称之为 jep nest，意思是黄蜂窝。

Palomita

意思：小鸽子

发源地：阿根廷

语言：西班牙语

当球员用鱼跃的方式头球射门时，就像一只鸽子在空中

飞行。阿根廷最著名的小鸽子进球得要追溯到1971年，当时阿尔多·波伊用这个姿势为罗萨里奥中央俱乐部进了一球。40多年后，罗萨里奥球迷仍在庆祝他的 palomita 进球法，他们会在进球周年纪念日时和波伊一起重现鸽子进球。

Papegøjespark

意思：鹦鹉踢
发源地：丹麦
语言：丹麦语

鹦鹉踢指的是用足球鞋外侧踢球，因为这样踢出来的球的轨迹和鹦鹉鸟喙的弧线很像。

Schwalbenkönig

意思：燕子之王
发源地：德国
语言：德语

这个词形容的是一名球员用故意假摔的方式换取点球或任意球的机会。之所以选 schwalbe（燕子）这种鸟类，是因为燕子会低飞，而且当它展开长长的双翼时，就像球员摔倒时张开的双臂一样。向燕子之王致敬！

Táctica del murciélago

意思：蝙蝠技
发源地：厄瓜多尔
语言：西班牙语

当一队球员在自家球门线附近防守时，看上去就像一排蝙蝠倒挂在球门横杆上一样。

小动物学家的野生动物示例

Timsaha yatmak

意思：做一只鳄鱼

发源地：土耳其

语言：土耳其语

指的是提前做事，例如，在终场哨声吹响前就开始庆祝。这个表达需要追溯至2010年，当时费内巴切俱乐部的球迷认为他们已经打败了布尔萨体育俱乐部，成功在本赛季最后一天获得了土耳其甲级联赛的冠军。布尔萨队的外号是绿鳄鱼，因此费内巴切球迷扮成鳄鱼走路的样子嘲讽他们。费内巴切的球迷们跪地前进，每个人抓住前一个人的脚踝。但费内巴切球迷的这些庆祝行为是幼稚且无用的，因为最后还是布尔萨获得了冠军。尴尬！

Yaseed hamaam

意思：伤害鸽子

发源地：沙特阿拉伯

语言：阿拉伯语

形容一记进球飞过球门横杆，惊扰了球场屋顶的鸟类。

飞行的鸟

某位足球史上最优秀的球员也有个动物外号,叫作加林查。加林查是一种看起来和鸫鹟有点像的小鸟。这位巴西边锋之所以会有这个外号,是因为他弯曲的双腿看上去和这种小鸟的腿一样。尽管如此,或者说正因为这样的特征,他成为了世界上最优秀的带球手。加林查和贝利并肩作战,一同获得了1958年和1962年世界杯。而且由于他实在太厉害了,有一次裁判竟因为他带球带得太多,将他罚下了场!

"你好哇!"

☆ 优秀学员 档案

宠物蜜蜂数:2000
宠物瓢虫数:3021
宠物鳄鱼数:7
宠物鸭子数:0(鳄鱼把它们都吃掉了)
出生地:土耳其
支持球队:布里斯班狮吼(澳大利亚)
最喜爱的球员:巴斯蒂安·施魏因施泰格
特技:和动物交流

现代语言小测验

1. **请问，巴西人说哪种语言？**

   a) 巴西语

   b) 西班牙语

   c) 葡萄牙语

   d) 契维语

2. **德语单词"schwein"是什么意思？**

   a) 猪

   b) 野牛

   c) 蛇

   d) 鳄鱼

3. **在英格兰，形容那些总能在球门附近抓住机会进球得分的前锋时，人们会用哪个动物短语？**

   a) 目标明确的马驹

   b) 箱子里的狐狸

   c) 网中的宠物

   d) 得分的马

4. **在哪种语言中"Caballo"代表马的意思？**

   a) 日语

   b) 法语

   c) 克罗地亚语

   d) 西班牙语

5. **哪种动物有着全世界最大的眼睛，每只眼睛都和足球差不多大？**

   a) 蓝鲸

   b) 巨型乌贼

   c) 野骆驼

   d) 噶玛变色龙

星期一　　　　　第五节　数学

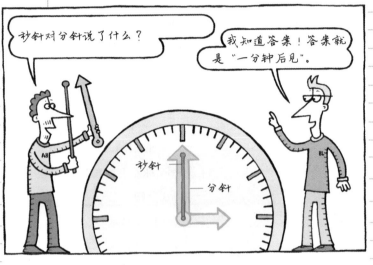

把表停下来！今天下午我们要研究数字是如何"分割"这一天的。这堂课说的都是时间！

足球赛上发生的第一件事是什么？是裁判检查自己的手表，然后吹哨。裁判最重要的一项工作就是当计时员，他得要确保一场比赛是由两个45分钟的半场组成，有时还会增加一段伤停补时的时间。在接下来内容中，我们会去探究人类计算时间的历史，了解小时、分钟和秒钟的想法从何而来。我们还会仔细研究裁判手上最新型的计时器。

请同步你们的手表时间，现在开始上课！

关于时间

先回答一个简单的数学问题：59后面的数字是几？

你大概以为答案会是60。通常60的确是正确答案，但有时也并非如此。

当我们在计算时间时，59后面的那个数字就是0。

如果一个时钟显示的是下午1:59，说明现在已经从1点过去了59分钟，下一个数字就是下午2:00。

同样，如果你的秒表显示的是3分59秒，那么下一个数字就是4分00秒。

但仔细想想，1分钟由60秒组成，1小时由60分钟组成，这其实是很奇怪的组合。

为什么不是70、80，或是100呢？

我们之所以在计算时间时把60当作单位，是因为6000年前的某个古代文明认为这会是个不错的选择。美索不达米亚人生活在中东地区，大约在如今的伊拉克附近。就让我们一起回到古代世界吧。

我看到了3只手那么多的山羊。

痴迷 60

美索不达米亚人是世界上最早发明"数字系统"的,这个系统指的是用一套词和数字来计数。在他们之前,没有人能说出"我有5个手指",或"100%",又或是"我以1∶0的比分打败了你"。相应的,当时人们会说"我有一手的手指",或"全部的",又或是"我的得分比你高"。

数词和数字的引入意味着农夫总算能够说出自己到底有多少只山羊了,人们也可以发展出货币系统了,以及家长终于可以数清自己有几个孩子了。唷!数字帮助美索不达米亚文明成为第一个伟大文明。

然而他们当时使用的数字和我们现在用的很不同。他们更喜欢以60为一组来计数。没有人确切知道他们为什么会选择这个数字,但这可能是因为在计算时用60比较容易。例如2、3、4、5、6、10、12、15、20和30都能被60整除。真清爽!

微小的部分

美索不达米亚人除了在数数时以 60 为一组外，也会把东西分成 60 份。他们就将一个圆平均分成了 60 份。

其中每一份被称作"分"，由于每一份都特别小，所以英文叫作 minute，因为 minute 这个词也有特别微小的意思。

为了创造出一个更小的测量单位，人们又将每一"分"都分成了 60 份，每一份被称为"秒"。由于秒这个单位是在分的下一级，所以英文将秒叫作 second，这个词还可以表示第二。

由于这种分圆的方式特别有效，所以 6000 年来人们都一直延续着这种方法。尽管后来的文明用十进制代替了美索不达米亚的计数系统，但在计算分秒这方面，他们那种古老的方法确实经受住了时间的考验。

谢你一打

美索不达米亚人发明了分钟和秒钟。计算时间的下一个伟大进步是由另一个古代文明——古埃及创造的。古埃及人生活在距今4000年前。除了著名的金字塔、象形文字和木乃伊外,古埃及人还是同时代最优秀的时间测量者。

埃及人通过太阳来判断时间。他们会建造一根高高的石柱,然后观察石柱在地上的影子,看它如何随着天上太阳位置的改变而改变。接着他们就能通过白天影子所处的位置,来说出当时的时间。有趣的是,后来另一项发明——日晷,也正是采用了这种工作原理。许多的历史建筑里都会有日晷。

埃及人将白天分成12份,没有人知道他们为什么选择了12这个数字。一种说法是12可以被2、3、4整除,因此我们可以很容易地把白天分成两份、三份或四份。无论真正的原因是什么,12这个数总归是被保留了下来,也正因此,如今我们的时钟表面都是12个小时,而且我们将一天分成24小时。

出尘之表

除了用太阳和影子外,古代的人们还会用其他方法来测量时间,例如沙漏、蜡烛和滴漏(由于每次滴水时间相同,因此可以测量时间)。15 世纪时,人们用弹簧和齿轮制成了发条系统,发明了机械时钟,钟上有表面和指针。从此时间测量的声音由"滴滴"变成了"滴答"。

在随后的几百年间,工匠们制造出了极小的齿轮和弹簧,使之得以放入手掌大小的仪器内,怀表也因此而被发明。一开始这个表还比较重,但最终人们制造出了非常轻便的手表,可以直接戴在手腕上。

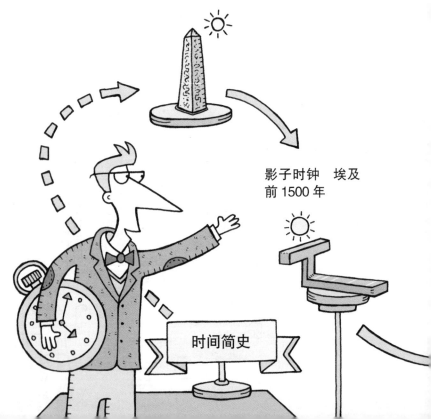

影子时钟 埃及 前 1500 年

时间简史

如今我们再也不用给自己的手表上发条了，因为大部分手表都电子化了。它们是通过石英晶体运转的：电池向一块很小的石英石发送一个电子信号，该电子信号会因此震动，生成一个规律性的电子脉冲。这个脉冲可以驱动电机，移动表上的指针。而如果是数字表的话，电机就会连接数字显示屏。希望这个显示屏能非常清楚！

不过英超球赛的裁判戴的表都是智能手表，就像手表尺寸的小电脑一样。表面也是触控屏。裁判不需要给手表上发条，也不需要在里面放电池。他们只需要记住赛前给手表充电就行！

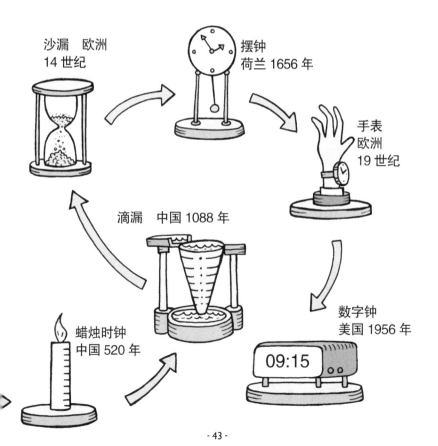

仔细看表

裁判必须确保比赛按时开始,如果比赛开始得晚了,俱乐部可能会因此被罚款。同样,比赛也得按时结束。上图显示的是一款英超裁判手表,让我们来看看裁判是怎么用它来控制时间的。

1. 中间的 4 个数字是个计时器。它会从 00:00 开始,记录比赛每分每秒的流逝。底下的 6 个数字则显示着当天的时间。

2. 哪怕比赛因为球员受伤或某些与比赛无关的原因(例如,泛光灯不亮了)中止,这个计时器也会一直跑。第四官员会记录下比赛每次中止了多长时间,然后在半场结束前通过耳麦告知裁判需要安排多长时间的加时赛。

3. 45 分钟后,手表就会震动。

4. 在伤停补时阶段,裁判手表边缘的绿灯会每分钟亮起一次,这样裁判就能轻松知道已经过去了多少时间。一旦加时赛踢完,裁判就会吹哨,宣布上半场比赛结束。

5. 比赛下半场时,计时器会从 45:00 开始。

三分之三比赛

在19世纪足球刚出现时,每场比赛就是90分钟了。最早的记录可以追溯至1866年,当时还没有中场休息时间。嗬!1897年,国际足联在比赛规则中官方规定每场球赛必须持续90分钟。规则还说,上下半场的间隔时间不能超过5分钟,除非裁判同意延长时间。5分钟才刚刚够让人去趟厕所!

足球是主流运动中唯一比赛会持续90分钟的。有意思的是，下面列举的所有球类团体项目都没有像足球一样，把比赛分成各45分钟的上下半场。那些速度更快、体力消耗更强的运动，比赛时间也更短，这样就不会导致运动员完全精疲力竭。可怜的选手啊！

运动	比赛时长	比赛分段
英式橄榄球	80分钟	上下半场各40分钟
曲棍球	70分钟	上下半场各35分钟
美式橄榄球	60分钟	四小节各15分钟
冰球	60分钟	三小节各20分钟
篮球	48分钟	四小节各12分钟
沙滩足球	36分钟	三小节各12分钟

足球时间

在足球比赛中,哪怕没人踢球,比赛计时器也不会暂停。例如守门员在踢球门球前抱着球的时间,和球员在掷界外球前的等待时间都会被算在比赛时间里。如果计算整场比赛的踢球时间,平均下来每场大概是50—60分钟。某些比赛的踢球时间甚至还不足50分钟——也就是说,几乎一半的比赛时间都"无球可看"。真无聊啊!

后来,为了保证球迷在看球赛时不至于觉得"球量不定",各个足球协会开始考虑更改计时规则。一个建议是,足球赛应该由两个30分钟的半场组成,但这30分钟都是"踢球时间",也就是说一旦没人在场上踢球,计时就要停止,直到重新有人踢球,计时再开始。这种计时方法已经成功应用在英式橄榄球、美式橄榄球和篮球比赛中了,此方法可以保证所有比赛都有一样时长的踢球行为。

通过这种在比赛时只计算踢球时间的方式,我们可以防止一些比赛花招,例如在换人时,有的球员可能会往边线走得特别慢,或是他们可能会故意花很长时间踢个角球,就为了能在比赛

结束前守住自己球队的控球权。换了计时方法后,足球比赛就会变得更加公平。我们认为这种方法或许可行。那些浪费比赛时间的把戏已经过时了!

随风而逝

据国际足联记载,史上最快的一次进球只花了 2 秒钟。眨下眼睛你就错过了!这个进球发生于威塞克斯联赛的一场业余比赛中,对阵双方是科维斯体育和伊斯特利。当时马克·巴罗斯将球放在中心点后,看见守门员离开了球门线,于是就踢进了一球,也多亏了风的帮忙那球才被踢进了。

职业足球中的最快进球是由巴西球员弗莱德在 2003 年创造的。在巴西俱乐部米内罗美洲对阵维拉诺瓦的比赛中,弗莱德在比赛开始后 3.17 秒内为前者打进一球。

优秀学员 蒂姆斯顿·克尼
"时机刚好!"

优秀学员 档案

拥有手表数量:14
设定的闹钟时间:早上 6:30
踢足球时长:每天 6 小时
最快速的进球:4.5 秒
出生地:伊拉克提克里特
支持球队:奇克 20(荷兰)
最喜爱的球员:默文·戴
特技:像发条一样可靠

数学小测验

1. 美索不达米亚现在位于哪个国家？

   a）印度
   b）以色列
   c）伊拉克
   d）埃及

2. 一天有多少分钟？

   a）360
   b）720
   c）1440
   d）86 400

3. 在一场足球比赛中，如果手表显示现在已经过了3分10秒，请问我们现在处于比赛的第几分钟？

   a）第二分钟
   b）第三分钟
   c）第四分钟
   d）第五分钟

4. 一场足球赛时长的1/6是多少分钟？

   a）12
   b）15
   c）18
   d）20

5. 什么是指时针？

   a）一个带有时钟的伞菌
   b）一个戴着手表的小精灵
   c）一位能报时的老人，他有着长长的白胡子
   d）日晷中形成影子的部件

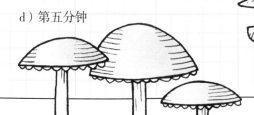

| 星期二 | 第一节 + 第二节　音乐 |

弦乐高奏！号角齐鸣！人声嘹亮！

在足球学校，我们非常热爱音乐。我们既喜欢现代音乐风格，例如流行乐、摇滚乐和说唱，也喜欢古典音乐。古典乐是一种经典音乐形式，由管弦乐团演奏，使用的乐器有小提琴、大提琴、长笛、单簧管和定音鼓等。

在这堂课，我们将会探索足球能从古典乐中学习到什么。我们会见到一位痴迷作曲家维瓦尔第的著名教练，也会听到一首300年后仍能让球员起鸡皮疙瘩的乐曲，还会认识那位创作出全球第一支足球歌曲的作曲家。拉拉你的低音提琴，拨动你的竖琴，或是来演奏一下长笛，我们的音乐之旅现在开始！

音乐大师秀！

优秀指挥家

古典音乐指的是 17 世纪在欧洲出现的一种音乐,这个名字是在现代音乐出现后才出现的。作曲家在创作了一些简单音乐后,就会开始为**管弦乐团**写一些大曲子。管弦乐团最多会由上百位演奏家组成,其中会有一名指挥家挥动一根小棒,或称**指挥棒**,来领导整个乐团(在此之前,音乐都只由一小部分人演奏)。根据不同的音乐结构,古典乐分为**交响乐**、**协奏曲**和**奏鸣曲**。著名的作曲家包括莫扎特、巴赫和勃拉姆斯等。

到目前为止一切都很好,奏乐吧!但这些和足球又有什么关系呢?其实关系可大了。你想想看:

- 管弦乐团是由一群优秀的个体组成,所有成员都被一个人——指挥家领导着。指挥家站在所有人前面,通过挥舞双手告诉他们该做什么。
- 足球队也是由一群优秀的个体组成,所有成员也被一个人——教练领导着。教练站在边线上,通过挥舞双手告诉队员该做什么。

意大利古典乐迷乔瓦尼·特拉帕托尼总是会把管弦乐团中的指挥和足球教练进行比较。既然他是足球史上最优秀的教练,那就很清楚这两者的相似性。特拉帕曾在4个国家拿过10次顶级联赛冠军:帮尤文图斯在意大利拿冠军,帮拜仁慕尼黑在德国拿冠军,帮本菲卡在葡萄牙拿冠军,帮萨尔茨堡红牛在奥地利拿冠军。现在让我们来好好认识一下这位球场上的大师吧。

特拉帕托尼乐章

古典乐融在了特拉帕托尼的血液中。他出生的地方距离米兰斯卡拉歌剧院只有几千米，那里是全世界最享有盛誉的古典乐殿堂。儿时特拉帕托尼不仅踢足球，还会吹奏法国号。法国号是一种铜管乐器，你可以通过号嘴往法国号内吹气，然后气体就会通过整个螺旋型管身，最终从尾部的喇叭口出来。啵儿，啵儿！

特拉帕托尼

19世纪60年代，特拉帕曾是AC米兰的球员，获得过两次甲级联赛冠军和两次欧洲杯冠军（欧洲杯是欧洲冠军联赛的前身）。但在收集奖杯的同时，他也开始收集起古典音乐唱片。他的收藏量非常巨大，据估计，大约有超过2000张。

特拉帕托尼花了许多时间来比较他最热爱的两样东西，并得出了以下结论：

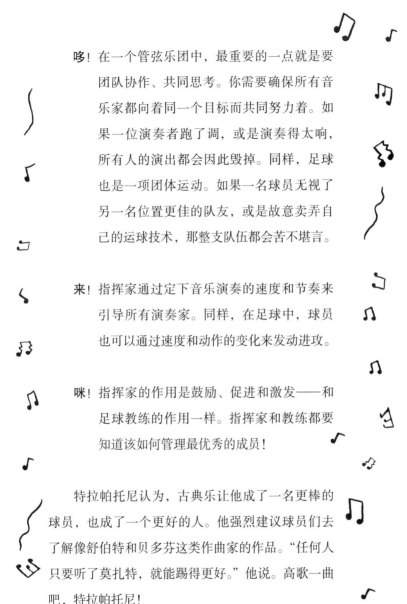

哆! 在一个管弦乐团中,最重要的一点就是要团队协作、共同思考。你需要确保所有音乐家都向着同一个目标而共同努力着。如果一位演奏者跑了调,或是演奏得太响,所有人的演出都会因此毁掉。同样,足球也是一项团体运动。如果一名球员无视了另一名位置更佳的队友,或是故意卖弄自己的运球技术,那整支队伍都会苦不堪言。

来! 指挥家通过定下音乐演奏的速度和节奏来引导所有演奏家。同样,在足球中,球员也可以通过速度和动作的变化来发动进攻。

咪! 指挥家的作用是鼓励、促进和激发——和足球教练的作用一样。指挥家和教练都要知道该如何管理最优秀的成员!

特拉帕托尼认为,古典乐让他成了一名更棒的球员,也成了一个更好的人。他强烈建议球员们去了解像舒伯特和贝多芬这类作曲家的作品。"任何人只要听了莫扎特,就能踢得更好。"他说。高歌一曲吧,特拉帕托尼!

洗耳恭听

如果你想要通过听古典乐来提升足球技术,我们会先推荐特拉帕最喜欢的3首曲子:

作曲家:安东尼奥·维瓦尔第

作品:《四季》

年份:1721

不,他写的可不是足球赛季!维瓦尔第是通过音乐来描绘每个季节。

作曲家:弗朗茨·舒伯特

作品:《第七交响曲》

年份:1821

舒伯特只写下了这首交响曲的主旋律和框架结构,整首曲子是在他去世后由别人完成的。

作曲家:路德维希·凡·贝多芬

作品:《第九交响曲》

年份:1824

这是世界上演奏次数最多的交响曲,贝多芬写这首曲子的时候几乎已经完全失聪了。

古典力量

特拉帕托尼不是唯一认为古典乐可以让我们生活得更好的人。科学家发现,古典乐可以降低我们的心率,让我们更加放松。睡觉时听古典乐,能让我们睡得更好。但别在训练时听着音乐睡觉!

管弦乐团全明星队

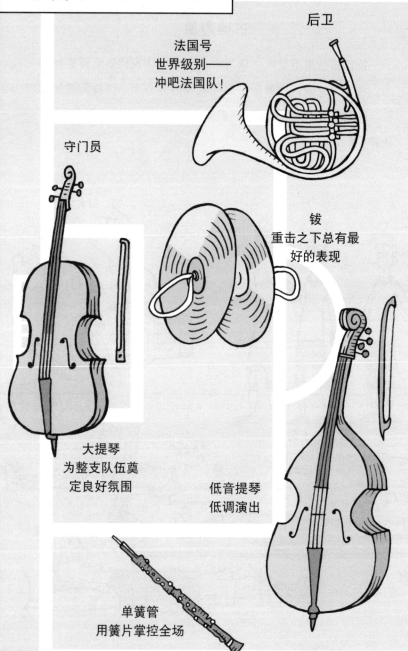

后卫
法国号
世界级别——冲吧法国队!

守门员

钹
重击之下总有最好的表现

大提琴
为整支队伍奠定良好氛围

低音提琴
低调演出

单簧管
用簧片掌控全场

中场	前锋

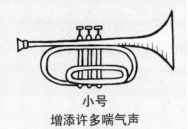

小号
增添许多喘气声

小提琴
极易激动

定音鼓
敲击着整个团队的心脏

钢琴
整支队伍的
重要成员

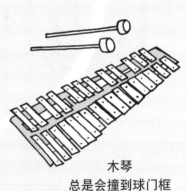

木琴
总是会撞到球门框

中提琴
一名大胆的选手

奖杯上的亨德尔

如果你是球迷,那么有一首古典乐一定能让你心潮澎湃:每场欧洲冠军联赛(简称欧冠)比赛前都会演奏的那首主题曲。就是那首高唱"冠军"的歌曲!

欧洲冠军联赛的主题歌原曲实际上是一首为国王而写的歌曲,名字叫《牧师扎多克》。300年前,乔治·亨德尔为国王乔治在1727年的加冕典礼创作了这首曲子。自那以后,每次英国国王和女王的加冕仪式上都会演奏这首曲子。

这首曲子的曲调激情洋溢、恢弘大气,正是像国王加冕或欧洲顶级足球赛事这种大场合所需要的。

欧冠上使用的版本对亨德尔的版本做了一些调整,托尼·布里登创作了新的歌词。布里登是一名为电台和电视广告而创作的英国作家。写新歌词这个任务可不简单,因为欧洲足协要求他在歌词中囊括3种官方语言:英语、法语和德语。他翻译了上百句歌词,最终选择了下面几句作为合唱段落:

Die Meister[1]
The champions[2]
Die Besten[3]
Les grands équipes[4]

[1](德语的"冠军")
[2](英语的"冠军")
[3](德语的"最优秀的队伍")
[4](法语的"最优秀的队伍")

由于选择的音乐是古典乐,有着悠扬的小提琴和合唱队般的歌声,整个场合便因此而充满魅力,球场也变成了一个巨大的露天歌剧院。

足球运动员非常喜欢这首歌。路易斯·苏亚雷斯称这首曲子"不可思议"。齐内丁·齐达内说"它的魅力无与伦比"。蒂亚戈·席尔瓦听这首歌时甚至会起鸡皮疙瘩。

布里登喜欢在电视上看欧冠,但不会每次都听赛前的主题曲演奏。有时他会趁这个机会去厕所,因为他最清楚这首曲子到底有多长!哇哦!

光荣的埃尔加

1898年,英格兰作曲家爱德华·埃尔加爵士在观看了自己最喜欢的伍尔弗汉普顿流浪者对阵斯托克城的比赛后,创作了世界上第一首足球歌曲。他愿意骑自行车远行64千米去看狼队比赛,看来是真的很喜欢这支球队了!比赛结束后,报社记者形容狼队前锋比利·马尔帕斯"一脚爆射进球"。埃尔加很喜欢这个形容,因此将这个谱成了曲子,创作了一首短短的钢琴曲,题目就叫《他一脚爆射进球》。这首曲子在2010年才被首次演奏出来,当时是为了给伍尔弗汉普顿的一个教堂募款,而这时距离曲子写成已过去了一个多世纪!

季节数:4

拍号:4/4

CD收藏数:2000

乐器数:25

出生地:美国巴吞鲁日

支持球队:佛罗伦萨——外号紫百合(意大利)

最喜爱的球员:圣地亚哥·阿里亚斯

特技:总能和队友配合无间

音乐小测验

1. 安东尼奥·维瓦尔第最著名的小提琴协奏曲叫什么?

   a)《四季》

   b)《四座奖杯》

   c)《四个奶酪》

   d)《叉柄》

2. 前捷克守门员彼得·切赫在空闲时间会演奏哪种乐器?

   a) 钢琴

   b) 鼓

   c) 三角铁

   d) 吉他

3. 著名的苏联作曲家德米特里·肖斯塔科维奇是泽尼特的热血球迷,请问他的一首芭蕾舞曲描绘了一支怎样的球队?

   a) 在客场比赛时穿芭蕾舞裙的球队

   b) 身陷假球丑闻的球队

   c) 屡战屡败的球队

   d) 一位名叫格雷斯·芭蕾的球员是故事主角

4. 为什么路德维希·凡·贝多芬成为一名作曲家非常艰难?

   a) 因为他成年后的大部分时间都在失聪中度过

   b) 因为他从未弹过钢琴

   c) 因为他还要为德国队踢足球

   d) 因为他睡在卡车上

5. 前英格兰前锋迪昂·达布林会吹小号,但他另一项音乐成就是什么?

   a) 爱莉安娜·格兰德音乐短片中的舞蹈演员

   b) 教会了艾德·希兰如何弹吉他

   c) 发明了一种叫作达布的打击乐器

   d) 写了一首名叫《达比达》的歌曲,在排行榜上名列前茅

| 星期二 | 第三节 + 第四节　计算机科学 |

这堂课我们会往前看——要绝对超前!

我们要预测50年后的世界会变成什么样,那时你们中的许多人可能都会有自己的孩子了,有的甚至会有孙子。超前思维!

现在我们已经生活在数字世界中了,这里充满了智能手机、机械机器人和电脑游戏。我们要思考的是,随着电脑运行得越来越快,功能越来越强大,这些科技会发展成什么样?以及,这对足球又意味着什么?

当然啦,我们无法百分之百地确定2069年的生活究竟是什么样。未来总是不可预测的。但我们可以基于目前对数字世界的理解,来做出一些有依据的猜想。电脑会变得越来越强,可以更加快速地执行命令,也可以存储更多信息。没有理由这种进步速度在未来会慢下来。它甚至可能会不断加速!

大家小心了!未来就在前方!

机器人来啦

技术：机器人

是什么：一种能自己执行任务的机器。

目前状态：由电脑控制的机器人已应用在现代社会的许多领域，例如汽车工厂有帮助造车的机器人，医院有辅助手术治疗的机器人，军队有无人驾驶的机器人汽车。然而，上述这些"机器人"看起来都不像人类。

近年来，科学家还制造出了外貌和人类很像的机器人，它们可以和我们一样用双腿走路。科学家会为这些机器人写程序，使得它们能像人类一样做出决定。之所以制造这类机器人，是希望它们可以做一些特定的人类工作，例如照看老人及其他有需要的人，又或是让它们执行火灾救援等任务，因为人类很难在火灾中存活。

如今足球正处于机器人研究的前沿阵地！这是因为机器人界最盛大的比赛就是机器人杯，即机器人世界杯足球赛。各支机器人队会在机器人杯中相互对抗。每位参赛的机器人选手必须能够独立行动与思考，不能依靠队伍里的其他成员。由于科学家们都非常希望自己的球队能赢得机器人杯，所以这项活动可以推动机器人技术向前发展。但是，仍旧前路漫漫。这些机器人与其说像人，倒不如说更像玩具，而且它们还停留在踢球时尽量不要摔倒的阶段。

足球学校预测……

我们认为到2069年时,科学家将能制造出外貌和举止都非常像人的机器人。当机器人和人类难以区分时,这种机器人就会被称为"安卓机器人"。安卓机器人在做许多工作时都会比人类更出色,那是因为制造它们的材料一定比血肉骨头更加坚固,而且控制它们的电脑可以比人脑以更快的速度处理更多的信息。

安卓机器人会成为无所畏惧的足球运动员。因为它们可以轻易加速到每小时大约160千米,而且在你还没反应过来时,它们就能迅速把球踢走。人们也可以给安卓机器人写一个程序,让它可以精准射门,绝不丢球。它们甚至能有360°全景视野,这样就能准确知道该往哪儿传球。一名安卓机器人守门员的反应时长大概只有瞬间而已。电光火石!

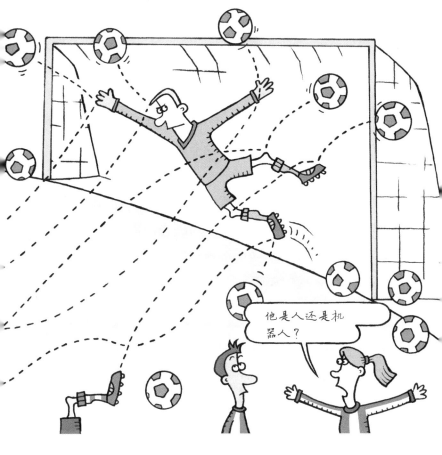

以下是安卓机器人可能为足球带来的改变：

- **安卓机器人甲级联赛**：每位参赛球员都是安卓机器人。
- **人类对阵安卓机器人足球赛**：国际足联会更改足球规定，要求参赛球队的首发阵容必须包含一定数量的安卓机器人。
- **私家安卓机器人**：你可以和自己的安卓机器人练习控球和射门技术。这个安卓机器人可以设定不同等级的训练难度，这样你就可以从最低级的训练开始，然后随着技术的提升不断升级。

逃离这个世界

技术：虚拟现实（VR）

是什么：这是一种电脑模拟技术，只要戴上头套，就可以完全沉浸在一个三维数字世界中。这个头套会阻隔所有外在光线，因此穿戴者只能看见头套里的屏幕上显示着什么。这种体验被称为虚拟现实，因为你戴上头套所看见的那个世界并不是真正的现实世界，而是电脑生成的另一个版本的世界。

目前状态： 如今人们已经可以购买VR头套了，而且软件公司已经开始发售VR游戏了。操作者在戴头套的同时，还需要拿一个操纵杆来控制自己在游戏中的行动。VR头套还能被用来看电影和作为职业训练，例如，在训练飞行员和医生时，可以使用VR技术模拟他们的工作场所。

足球运动也在积极参与其中！一些俱乐部会让球员玩一款特别的VR游戏，并将这个当成他们训练的一部分。球员戴上头套后，就会发现自己正在参加一场足球赛，必须立刻决定要传球给哪位队友。俱乐部认为这种游戏可以提升球员多项技能，例如决策力、预测能力、心理韧性和对周围世界的观察力与感知力。

足球学校预测……

我们预测在 2069 年，人们在体验 VR 时将不需要戴上厚重的头套和使用操纵杆，而只需穿上**触觉服**、戴上 VR 隐形眼镜即可。触觉服是一套布满传感器的紧身衣。你穿上触觉服后的行动将会控制你在电脑游戏中的行为。例如，当你穿着触觉服踢腿时，游戏里的你也会踢腿。最终人们会连触觉服都不需要，因为 VR 传感器会被注入人类的皮肤之中，几乎让人无法察觉。到那时，身处电脑生成的虚拟现实和处在现实世界将几乎一致。

穿上 VR 套服的球迷可以：

- 不用离开房间，就可以坐在最佳位置，沉浸式观看任何足球赛。
- 用电脑生成自己最喜爱的球员，然后和他们一起踢球赛。

穿上 VR 套服的职业球员可以：

- 用电脑生成他们的对手球员，为比赛做准备。
- 如果球员在比赛时穿 VR 套服，球迷就能从球员视角参与比赛，仿佛他们自己就是那名球员一般，因为球员所看到的、听到的、感受到的，都可以传递给穿着 VR 套服的球迷。

诶啊阿迪哦

技术：增强现实（AR）

是什么：指的是在你所看到的现实世界里增加数字图像。这项技术之所以被称为增强现实，是因为你是身处在现实世界中而被增加了所能看到的东西。

目前状态：目前智能手机上已有 AR 应用。在这些应用中，手机会显示拍照画面，但会在画面上增加数字生成的图像。例如，色拉布（Snapchat）应用中的镜头功能，你可以给人脸添加各种有趣的图案，抑或是在《宝可梦 Go》游戏中，看到宝可梦精灵出现在真实世界中。

AR 眼镜可以让佩戴者在真实世界中看到数字图像。某个 AR 眼镜的应用可以让你看到一场足球赛在桌上进行。这个眼镜能在桌上添加一个数字球场，上面有三维小球员在踢球。这可是个吃完饭要立即收拾好碗碟的好理由！

这周他们在桌上踢球，下周他们就会在杯子里踢了。

足球学校预测……

未来,我们相信你只需戴着AR隐形眼镜,就能体验AR。无论你看向哪里,都能在现实生活中看到数字生成的图像。例如你可以设定自己的AR隐形眼镜去:

- 显示所见之人的姓名、年龄和生日(由于这个图像是出现在隐形眼镜内部,因此只有你能看到这些信息)。这个功能对亚历克斯来说会很有帮助,因为他总是忘记别人的名字。
- 观看足球赛时,显示球员所有的数据信息。这个功能对本来说会很有帮助,因为他总想知道一名球员踢进过多少点球。

AR触觉服可以让你所处的现实世界和电脑生成的画面完美融合,例如,你可以在自家的花园里和一名电脑生成的球员踢球。事实上,如果你所有朋友都穿着AR触觉服,你们可以一起在当地公园和电脑生成的球队踢比赛。这个周末你们可以对阵巴萨,下个周末可以对阵巴西。踢野球这种事将从此不同!

超级布料

我们预测2069年,你可以买到整块布料都是电子显示屏的球衣。这样广告商们可以直接在衣服上做电视广告,而且球队也可以在比赛中途任意改变球衣颜色。红军加油!哦,我们说的是蓝军!啊,其实说的是绿军!

优秀学员

德卓·妮娅

"我就是未来!"

优秀学员 档案

电池寿命:一周
储存空间:10TB
声音设定类型:2
最高速度:322千米/小时
出生地:迪拜网络城
支持球队:未来猛虎(南非)
最喜爱的球员:洛伦佐·罗伯蒂
特技:知道接下去会发生什么

计算机科学小测验

1. **VR 指的是什么？**
   a) 严格素食主义者万岁！
   b) 虚拟现实
   c) 极其错误
   d) 虚拟房间

2. **英文动词"augment"是什么意思？**
   a) 通过增加的方式让某物数量变多
   b) 争吵
   c) 玩电脑游戏
   d) 出生于 8 月

3. **电影《机器人总动员》中的瓦力是哪种机器人？**
   a) 足球运动员
   b) 警官
   c) 交通管理员
   d) 垃圾捣碎机

4. **充满 VR 传感器的衣服叫什么名字？**
   a) 嬉皮服
   b) 快乐服
   c) 触觉服
   d) 绝顶服

5. **以下哪种工作一些足球俱乐部已经让机器人去做了（这种机器人指的是内置电脑的机器，看起来和人类并不像）？**
   a) 给球员洗头
   b) 修剪球场草坪
   c) 售卖程序
   d) 在看台欢呼

星期二　　　　　　　第五节　哲学

大家好，这堂课是给失败者准备的！对，就是那些输家、差生、明日黄花。

对，我们就是在说你，说你们每个人。

然后也包括我们。

我们都是失败者。我们都会时不时搞砸一些事情。我们都会经历拒绝、打击和失望。这是成为人的一部分。有时候，生活真的挺糟的！

但失败是很重要的。因为只有经历了失败，我们才会学习和成长。失败并不是成功的反面，它是成功的一部分。

每一位成功的球员都曾经历过重重挫折。但也正是因为这些挫折才让他们变得更强。

哲学这个科目探究的是生命的价值。例如它会问，你对成功的看法是什么，以及你要怎么做才算达到成功？

毫无疑问，我们都是失败者，但我们也都可以成为胜利者。

一切都息息相关

国际足联每年都会根据近期表现,对211个国家的国家队进行排名。

2013年,巴西队排到了第22名,被视为国家耻辱。

2015年,法罗群岛队排到了第74名,引起了举国狂欢。

为什么会有这样截然不同的反应?大概是巴西队已经当了10多年的顶级球队,22名是他们最差的排名,所以他们觉得这是个重大打击吧!

而法罗群岛是北海一个偏僻的寒冷小岛,一共只有5万[①]人口,所以球队达到的是他们历史最佳排名。而且虽然只排在第74名,但从国家人口数来看,他们已经成为了足球史上最成功的球队了!法罗人应当好好庆祝!

---

① 此处为2019年数据。

法罗群岛的传奇事例说明，成功并不总是要拿第一。在足球界，最重量级的奖杯只能由一支球队获得，而且拿奖的通常都是那些具有重大优势的球队：他们要么是国家很强大，要么是俱乐部很强大，有最好的球员和教练，能在球员转会和球员薪资上花费最多的钱，又或者是在淘汰赛时抽到了最容易的签。

其实，对不同的人来说，成功的含义是不同的。以2018年世界杯为例，在那场戏剧性的决赛中，法国队以4∶2的比分打败了克罗地亚队，赢得比赛胜利。他们值得加冕成为世界冠军，但值得加冕的不仅仅只有胜者。以下这些国家也在比赛中超越了预期，获得了世界杯的"成功"。

球队	世界杯排位	成功
克罗地亚队	亚军	是有史以来世界杯决赛球队中人口最少的国家
比利时队	第三名	这个小国家第一次踢进世界杯半决赛
俄罗斯队/瑞典队	前八强	这两支球队能进入八强，出乎了许多人的意料
墨西哥队/日本队	前十六强	在抽到死亡小组后成功晋级
冰岛队	小组赛	最小的世界杯参赛国
秘鲁队	小组赛	36年来首次获得世界杯参赛资格
巴拿马队	小组赛	历史上首次获得世界杯参赛资格
美属萨摩亚	预选赛	首次获得世界杯预选赛胜利

举起奖杯的虽然是法国队，但2018年世界杯还有许多其他胜者！多么棒的成功啊！

给图赫尔的建议

在多特蒙德获得德国足球甲级联赛的亚军后,我们找到了多特蒙德前教练托马斯·图赫尔。"如果分数不是衡量我工作表现的唯一指标,那我们还可以用哪些标准呢?"图赫尔说。对此我们给他提了些建议,他都很喜欢。

亚历克斯和本的成功测量法

- 创造的机会和丢失的机会
- 单个球员的进步
- 80 000名俱乐部球迷感到的快乐
- 当你想起球队时产生的感情
- 当你进入球场时的激动感

其实球队可以自己定义自己的成功与失败，我们的人生也是如此。我们不可能都成为班里数学考试的第一名，或是全家跳舞最棒的人（本肯定不是！）。所以我们要根据自己的能力和条件，为自己设定不同的实际目标。

一旦目标确立，我们就要以最好的状态迎接实现目标时会遇到的挑战。

一个好心态

亚历克斯和本决定开始跑步。他们都发现跑步很难,但两个人的应对方式很不一样。

你觉得接下去会发生什么？亚历克斯放弃了跑步，因为他觉得自己无法进步。他的思维已经固化，他总是告诉自己："我就是不擅长这件事，而且永远不会进步。"这种态度通常被称为"固化型思维"。

但是本却坚持了下来，因为他想知道自己是否会取得进步。这一点激励着他在困难时刻仍旧推动自己前进，而每一小点进步就会鼓舞着他去做得更好。这种态度被称作"成长型思维"。

科学家在比较固化型思维和成长型思维方面做了许多研究。那些有着固化型思维的人，就是那些遇到困难时认为自己无法进步的人，会更倾向于逃避挑战，总是去做容易的事情。正是因为他们觉得自己不会进步，所以他们就不会进步。

而那些有着成长型思维的人则会不断前进！他们不怕犯错，也能更好地应对失败。如果我们永远不犯错，那正意味着我们没有推动自己前进，因此不要害怕做错事，也不要害怕没有达到自己的预期。如果你失败了一次，就再试一次，或是用不同的方式再试一次。你付出的努力，或是你尝试的新方法，最终都会让你明白这一切都是值得的。

我们确实可以从错误中学习，因此让我们拥抱错误吧。哪怕新任务很难，也请坚持下去。许多职业球员都是经历了在失败和逆境中的触底反弹，才获得了职业生涯的成功。

获得顶级成功的四大建议

1. 建立高期待

不要只给自己安排容易的任务,给自己一项有难度但可以战胜的挑战。它会让你更加确信自己能够做到。尽管完成这件事可能需要花点时间,但最终它会增强你的自信心。

2. 不放弃

生活中许多事都很困难。我们的大脑在不停吸收新信息,任何困难都能让你得到锻炼从而获得成长。记住:哪怕你正在困境中苦苦挣扎,你也正在学习。

3. 犯错没关系!

犯错其实没什么,只要我们能从错误中学到点什么。亚历克斯一开始就在穿衣上犯过大错!如果你能把每次错误都当成学习的机会,就会进步得更快。现在连亚历克斯的套头衫看上去都很不错了……

4. 努力是最重要的事

正如我们所知,人不可能一直赢。我们能做的就是去关注自己付出的努力,或是使用的策略,以及永远竭尽全力。我们无法控制外在因素,但能控制自己付出了多少——所以让我们继续努力吧!

回归的孩子

下面几位球员中,没有一个是天生的超级明星。他们全都从小就面临各种挑战,不断从错误中学习,依靠努力才走到今天的位置。他们是激励人心的楷模,我们可以向他们学习。

山姆·科尔（澳大利亚）

山姆·科尔

科尔19岁那年差点放弃足球,当时膝盖和脚上的伤病,导致她将近18个月都无法踢球。尽管她对妈妈说自己想要放弃,但她依旧非常努力。在回归后,她成为了足球界最令人畏惧的前锋,打破了澳大利亚和美国的联赛进球纪录,赢得了2017年亚洲足球小姐,并上了2018年国际足联金球奖短名单。科尔的成就简直不可思议!

埃里克·阿比达尔（法国）

这位法国后卫31岁时在为巴萨踢球,那一年他被诊断出肝部有个恶性肿瘤。后来他通过手术移除了肿瘤,仅3个月后就又重返球场。他的回归首秀是2011年欧冠决赛,巴萨最终赢得了比赛! 一年后,他接受了肝脏移植。他不仅面临职业生涯的结束,还有可能面临生命的终结。然而尽管患有如此严重的疾病,他依旧努力抗争,最终恢复了健康,并又踢了两年球才退休。

埃里克·阿比达尔

罗伯托·巴乔

罗伯托·巴乔（意大利）

1994年世界杯决赛的点球大战，这位意大利前锋站出来为意大利队踢最后一个点球，当时他是世界上最优秀的球员。然而他这一球没有进，巴西队拿到了冠军。经历了这场巨大失败后，巴乔饱受噩梦折磨，但他仍然继续踢点球、进球。他的进球帮助尤文图斯（1995年）和AC米兰（1996年）赢得了意大利甲级足球联赛的冠军。他的经历表明，就算是最优秀的球员也会遇到失败。

哈里·凯恩（英格兰）

哈里·凯恩是英格兰队的队长，并曾获2018年世界杯金靴奖，但他8岁那年却被阿森纳拒之门外。他坚定地想要证明阿森纳的选择是错的，但哪怕在青少年阶段他也面临着重重挑战。他曾为排名很低的联赛球队效力，但只能一直坐在替补席上。他发誓要为此而不懈努力，一旦机会来临就紧紧抓住；事实上他也正是这么做的，2014年11月，他为热刺队贡献了职业生涯中第一个英超进球。自那以后，他的高质量进球数已超过了100个，并在世界杯时担任了英格兰国家队的队长。阿森纳的损失成就了热刺的收获！

哈里·凯恩

利昂内尔·梅西

利昂内尔·梅西（阿根廷）

这位足球史上最伟大的球员曾经差点没办法踢足球。青少年时，梅西的身体没有产生足够的激素供他正常生长。他曾经历过一个治疗疗程，必须每晚自己用针管往一条腿注射药剂。他在13岁那年搬到了巴塞罗那，因为巴萨是唯一愿意承担他的治疗费用的俱乐部。他和父亲豪尔赫一起住在西班牙，母亲和另外三个兄弟姐妹则住在故乡阿根廷。在面临如此多困难的时候，梅西本可选择回家，但他却坚定地待在西班牙，他想要证明自己的实力。现在我们可以说他不仅做到了，而且还做得很好！

法拉·威廉姆斯（英格兰）

这位女足历史上最受瞩目的球员曾在青少年时和家人闹翻，6年时间无家可归。这期间她都住在旅店中，有时还睡在大街上。威廉姆斯在这样的逆境中锻炼出了惊人的韧性，足球帮助她度过了人生中的这段艰难时光。"足球给予了我方向，它让我相信自己能把某件事做得很好。"她说。如今她已与家人和解，修复了彼此的关系。

法拉·威廉姆斯

罗奇代尔思维

罗奇代尔是一支位于曼彻斯特的小球队,创下了多个赛季蝉联英国职业足球四大联赛倒数第一的纪录:在所有球队中排78位。自从1921年加入足球联赛开始,他们就没有赢过任何一座奖杯。但这个现状并没有让罗奇代尔的球员停止努力,也没有让球迷停止为他们呐喊助威!每场主场比赛,罗奇代尔都会有超过3000位球迷到场。我们向所有球迷的耐心和支持致敬,也为球员持之以恒的努力鼓掌!

哲学小测验

1. 什么时候就不能再发展出成长型思维了?

   a) 12 岁时
   b) 21 岁时
   c) 40 岁时
   d) 永远都不晚

2. 成长型思维需要我们在面对困难时,仍然继续努力,以下哪个词表示的是这种特性?

   a) 辅助
   b) 反抗
   c) 坚持
   d) 生存

3. 哪支球队在 2018 年第一次参加世界杯?

   a) 秘鲁
   b) 巴拿马
   c) 日本
   d) 瑞典

4. 下面哪种自然现象通常会被用来描述成长型思维?人们希望通过这个现象展现任何微小的成功都是来自大量的坚持、付出、犯错与机遇。

   a) 瀑布
   b) 冰山
   c) 水坑
   d) 龙卷风

5. 皇家马德里是全世界最成功的球队,但他们最大的一次比赛失利是什么?

   a) 1∶11 对阵巴萨
   b) 0∶6 对阵瓦伦西亚
   c) 2∶10 对阵 AC 米兰
   d) 1∶8 对阵皇家西班牙人

星期三　　　　　　　学校郊游

穿暖和点！带上些水！别忘了你的喷气背包！今天这堂课我们要来一次不一样的郊游活动：去参观那些举办过足球赛的极端地区。这次世界旅行将会让我们看到几场历史上"最高""最干燥""最寒冷"的足球赛。

足球确实是项全球运动，它的足迹不仅已踏入世界各种偏僻角落，甚至还到了大气层的边缘。

抓紧了！

要去世界的哪个地方？

✈ 目的地：南极洲
- 这是世界上最寒冷、风最大、最干燥的大洲
- 南极洲大部分区域都全年被冰雪覆盖
- 这里是1200万企鹅的家园
- 这里是南极点所在地

南极洲

极端目的地 1：冻脚啊

场地：联合冰川

地点：南极洲上一处距离南极点大约 1100 千米远的冰川，夏季时这里会有一个智利研究站和南极洲唯一的游客营地。

环境：夏季气温处于零下 25℃—零下 1℃。这里的气温永远都不会到零上，永远不会！

谁住在那里？ 南极洲当地没有居民，不过研究站里住着一群科学家。冬天时，大约会有 1000 个人分散在 40 个常驻考察站中，并遍布陆地各处。夏天时，一些临时研究站会被建立起来，例如联合冰川上的那些。这时南极洲的总人口数可以达到 5000 人左右。

谁踢足球？ 生活在基地里的人们，他们通过踢足球来锻炼身体和获得乐趣。

他们在哪里踢球？ 在冰上，用棍子或滑雪板当成球门柱。踢球前要先检查冰面上有没有洞，不然可能会导致球员受伤。

著名比赛：2015 年，大卫·贝克汉姆搭飞机来到了联合冰川的游客营地，因为当时有一项活动，想要展现足球能够联合全世界所有人，其中一站就是南极。这位前英格兰队队长和在营地工作的导游、厨师、医生、机械工一起踢了场球赛。同一年，这支营地球队开着履带式卡车到了智利站，在那里和由科学家和军人组成的球队踢比赛。真冷啊！

百年前这里还举办过另一场足球赛，南极洲最著名的几张照片记录下了当时的场景。1915 年，英国探险家欧内斯特·沙克尔顿想要成为横跨南极大陆、抵达南极点的第一人，然而他的船——"坚忍号"却被卡在了冰上。他和团队其他成员在一块浮冰上困了数月之久。为了让大家保持积极的心态，沙克尔顿鼓励他们去踢足球。他们把船桨当作球门柱，并将冰面弄平，这样球就能在上面顺利滑动。我们可以从这场旅程的照片中看到，成员们都"全副武装"，裹得像企鹅和海豹一样在踢球。其中一名队员还掉进了冰窟窿，全身浸在流动的冰水中。这就是我们所说的寒"流"啊！又过了 14 个月，沙克尔顿才得以带领成员来到安全的陆地上，这也成为了历史上最惊心动魄的求生故事。了不起的队长！

要去世界的哪个地方?

极端目的地 2：直击高度

场地：乞力马扎罗山

地点：坦桑尼亚

环境：乞力马扎罗的主峰高度为海拔 5895 米。在这种高海拔地区，空气中的氧气含量只有海平面的一半，也就是说我们在呼吸时很难为肺部提供足够的氧气。因此，爬到这种高度的人可能会有一些高原反应，例如头痛和想吐。

谁住在那里？ 没人住在乞力马扎罗山的山顶！

谁踢足球？ 2017 年，两支女足球队参加了有史以来"海拔最高"的一场足球赛。球场位于一个火山口旁，仅在乞力马扎罗

山峰下方100米处。两支球队花了6天时间爬上山，然后在一层火山灰中标出了一个全尺寸球场。这场比赛的组织方是"公平球场运动"，这个活动致力于激励女性参与足球运动。其中一名球员——哈妮恩·阿卡提布，非常自豪能在这样的海拔上踢球。"我这么做，是为了所有没有获得公平机会的女性，她们本可以成为自己想成为的人。"她说，"我这么做，是因为女性球员应当被看见，也应当被尊重。"比赛中有两名球员因为呼吸急促被替换下场，最终比分是0∶0。为了这个没有进球的平局比赛，真是走了好多的路啊！

要去世界的哪个地方?

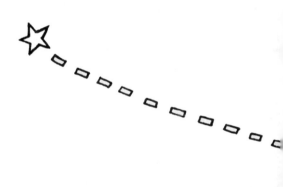

极端目的地 3：除了干，还是干

场地：铜矿球场，是智利足球俱乐部科布雷萨尔的主场
地点：埃尔萨尔瓦多，阿塔卡马沙漠中的一个小镇
环境：当地平均年降雨量只有 15 毫米。（伦敦的年平均降雨量有将近 600 毫米。）普遍认为阿塔卡马沙漠中的一些地区从 16 世纪到 20 世纪都没有任何降雨。

谁住在那里？ 阿塔卡马沙漠地区矿产十分丰富，沙漠中有好些矿区小镇。埃尔萨尔瓦多镇就位于一个大铜矿附近，镇上约有 7000 居民。

谁踢足球？ 尽管埃尔萨尔瓦多又小又偏，而且降雨量之少还是世界之最，但那里仍然有一支智利甲级球队。科布雷萨尔俱乐部成立于 1979 年。2015 年，他们首次获得智利甲级联赛冠军，在赛季最后一轮戏剧性地获得了比赛胜利。这次胜利被称为"科布雷萨尔的奇迹"。

由于空气太干,而且几乎没有降水,铜矿球场的草坪需要经常浇水。建造这座球场时,所有草皮都是从 160 千米外的地方运来的。

著名球员: 伊万·萨莫拉诺被视为智利有史以来最优秀的球员,他曾为皇马和国际米兰踢球,但起点却是在科布雷萨尔。另一名前足球运动员——富兰克林·罗伯斯在退役后成为了矿工。他在 2010 年因为一场铜矿事故而变得世界知名。当时他和另外 32 名矿工在阿塔卡马沙漠中一个地下 700 多米的铜矿里被困了 69 天。令人惊奇的是,这些矿工居然活了下来,人们通过地下管道为他们输送补给品,亲人也给他们送去了纸条,希望他们保持积极的心态。在救援结束的两星期后,这些矿工在国家体育馆踢了场足球赛,他们的对手是那些救援者以及智利总统。

要去世界的哪个地方？

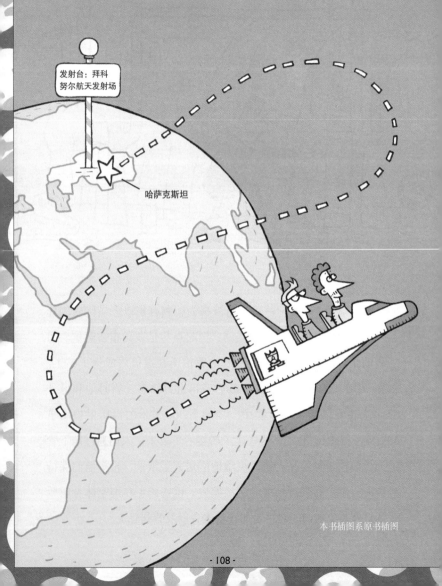

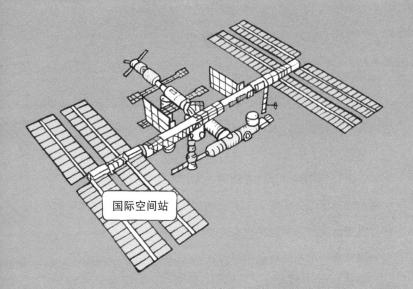

国际空间站

目的地:国际空间站
- 铝合金制成的太空飞船高73米,宽109米
- 位于地球上空大约402千米
- 以每小时约27520千米的速度绕地球公转
- 自2000年后上面一直有人居住

抵达星空

场地：国际空间站（ISS）

地点：在地球大气层的边缘，位于约402千米的高空。国际空间站一直在移动，大约每90分钟就会绕地球一圈。

环境：由于那里缺少引力，因此当你扔东西时，东西不会向下掉，而且当你推开某样东西时，那样东西会漂浮在空中。尽管空间站外的气温会在零下157℃—121℃之间变化，但空间站内有热控系统，能将气温稳定在人类舒适的温度。

谁住在那里？ 国际空间站通常每次会有6名宇航员居住。

谁踢足球？ 2018年，一颗国际足联官方用球被带到了国际空间站。俄罗斯宇航员安东·什卡普罗夫和奥列格·阿特米耶夫在空间站的一个实验舱内踢了一场非正式比赛。他们飘在空中，做出了许多高难度踢球动作。不过他们没有踢得太用力，否则可能会撞坏其他东西！后来什卡普罗夫将这颗球带回了地球。这颗足球成为了2018年莫斯科世界杯的开幕式用球。一个小男孩将球踢给了世界杯吉祥物扎比瓦卡，这也是该届世界杯的"第一踢"。

钓到进球

边锋漂浮着踢了一记传中,希望前锋能够潜入这片区域……欢迎来到疯狂的水下足球。2014年亚洲某国家举办了一场水下足球赛,对阵双方各有两名队员,比赛场地是一个装满鱼的水族箱。球员都背着氧气罐,戴着护目镜。所用的足球内部也灌了一些水来产生负浮力,以防足球浮在水面上。

其他水下运动项目还有曲棍球、英式橄榄球,甚至还有摔跤(被称为"水下摔跤")。够深的!

优秀学员

乐枚·图妮

"超越自我!"

☆ 优秀学员 档案

爬过多少座山:17
到达过多少个极点:2
在太空中待了多少天:221
花园里有多少个水坑:0
出生地:海威考姆勃
支持球队:纽卡斯尔联喷气机(澳大利亚)
最喜爱的球员:迪恩·温达斯(英格兰)
特技:在极大的压力下茁壮成长

学校郊游小测验

1. 世界上哪个大洲风最大?

a) 非洲

b) 南极洲

c) 亚洲

d) 大洋洲

2. 以下哪个欧洲国家的首都海拔最高?

a) 德国柏林

b) 瑞士伯尔尼

c) 西班牙马德里

d) 奥地利维也纳

3. ALMA望远镜是世界上最厉害的望远镜,它是由66个小型望远镜以某种方式排列组合而成,请问ALMA代表的是什么意思?

a) 异常明亮的火星活动

b) 阿塔卡马大型毫米波/亚毫米波天线阵

c) 阿塔卡马制造的大角星

d) 阿塔卡马喜欢大型小行星

4. 去到太空的那颗世界杯足球叫什么?

a) 电视太阳18

b) 电视月球18

c) 电视火星18

d) 电视之星18

5. 科布雷萨尔的球场名字中有西班牙单词cobre,请问这个词语的意思是什么?

a) 眼镜蛇

b) 老玉米

c) 铜矿

d) 这里非常干燥

星期四　　第一节 + 第二节　历史

如果你在生活中很想得到一样东西，那首先你得弄清楚怎样才能得到它。

例如你很想用电视看足球赛，但你父母想让你写作业。那你得准备些方法应对才行！

一种方法是大发脾气，然后希望爸妈会为此屈服，同意你的要求。但这个方法风险非常高，因为他们可能会直接让你上床睡觉。

另一种方法是好话连篇。告诉爸妈你有多爱他们，他们或许会被你的话所感动，然后觉得让你去看比赛才是好的。这个方法或许能让他们上当！

又或者你可以赶紧以最快的速度写完作业，这样或许会错过比赛开场，但却能看完下半场。

足球场上也是如此：球队需要一个比赛方案。一开始就进攻，还是静静等待，在快休息时得分？踢长球还是靠传球？教练会根据球员的能力以及对对手的了解，选择他们认为的最佳方案，确保得到最好的比赛结果。在这堂课上，我们要说说足球战术的历史。各就各位！

数字游戏

请看黑板!

用数字加半字线来描述球队阵型是足球界的传统。场上除守门员外共有 10 名球员,因此数字相加之和会是 10。尽管在数字中不会包括守门员,但他们永远都不会被遗忘。

在描述一种阵型时,你会按顺序提到场上的每个位置,从后卫到中场,再到前锋。因此 3-5-2 阵型指的就是 3 个后卫、5 个中场和 2 个前锋。在某些情况下,球员会位于球场两个区域之间,所以 4-2-3-1 阵型就会有 4 个后卫、2 个防守型中场、3 个进攻型中场和 1 个前锋。

在足球战术的历史长河中有一个不变的真理,那就

是所有教练都想找到进攻和防守的完美平衡。

人们经常会说进攻就是最好的防守,但防守是最好的进攻吗?可别只顾着防啊!

让我们来看看足球史上几个最著名的阵型吧。

先是传球

阵型：2-2-6

时间：19世纪70年代

战术描述：通过将球传给队友来取得好结果

历史：在足球起步阶段，并没有什么真正的战术。如果一名球员拿到了球，他就会一直带球，直到失去控球权。但后来苏格兰人想到了一个非常聪明的办法：为什么不传球呢？之前从没有人这样想过！突然之间，球员们像一支队伍般协作起来——而且6名前锋之间可以进行大量传球。1872年，苏格兰队首次在国际赛事中使用了这种方法，该场比赛的得分是0∶0。不久，英格兰的那些球队也开始在比赛中传球了。

对足球的影响：欧洲所有球队都开始模仿这种方式。传！

对比赛的重要性：8/10

狡猾标记

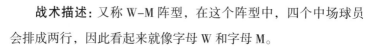

阵型：3-2-2-3

时间：20世纪30年代

战术描述：又称W-M阵型，在这个阵型中，四个中场球员会排成两行，因此看起来就像字母W和字母M。

历史：W-M阵型之所以是足球界的一场革命，是因为这是第一个所有球员平均分散在整个球场的阵型。这意味着球员必须传球传得很远。这个阵型是由阿森纳教练赫伯特·查普曼发明的。由于W-M实在太过成功，因此阿森纳在20世纪30年代获得过5次英超冠军，而且很快所有英格兰俱乐部和英格兰国家队都开始使用这个阵型了。W-M！ Wonderful Moments（绝妙时刻）！Wise Managers（富有智慧的领队）！

对足球的影响：英格兰国家队采用了W-M阵型。

对比赛的重要性：7/10

赫伯特·查普曼是一名成功的教练，曾执教于哈德斯菲尔德和阿森纳。他当年提出的一些具有革命性的想法，今天的人们还在奉行着。

阿森纳的球衣袖子应该是白色的，这样球员能更好地看清彼此！

最近的那个地铁站必须该叫阿森纳站，而不是吉莱斯皮路！

裁判需要更多帮助，我们应该有第二个裁判！

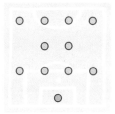

空地：最后的边界

阵型：4-2-4

时间：20世纪50年代

战术描述：后方多加了1名防守，因此一共4名后卫，而且进攻球员数也有增加。

历史：战术指的不仅仅是将球员放在哪里，它还包括不要将球员放在哪里。20世纪50年代出现的一种阵型就会在场地中间留出大量空地。比赛也因此变得更加激烈，因为这样球员就更容易跑去没人防守的地方，而不是直接和对手正面较量。匈牙利队和巴西队首先使用了这种阵型，随后世界上其他球队都开始用4名后卫了。

对足球的影响：2名中场防守已经成为了一种规范。英格兰队1966年赢得世界杯冠军时，正是用了4名后卫的战术。

对比赛的重要性：9/10

挡在门前

阵型：1-4-2-3

时间：20 世纪 60 年代

战术描述：这是一种超级防御战术，在 4 名后卫的后面还有一名球员

历史：阿根廷教练埃莱尼奥·埃雷拉在意大利执教国际米兰时，发明了一种名为 catenaccio（链式防守）的战术，这个词在意大利语的意思是"门闩"，因为该战术的目的是让对方前锋碰不到自家球门。球场上也因此出现了"清道夫"这一角色，指的是处在 4 名后卫身后的那位球员，当球出现在他附近时，他会迅速搞定。这种战术导致比赛中进球非常少，而这也是为什么足球的得分规则改成了 3 分（而不是 2 分）取胜，就是想鼓励球队不要踢得那么保守。

对足球的影响：长传球可以躲避人防，进攻型队伍更有可能 3 分获胜。

对比赛的重要性：8/10

英格兰制造

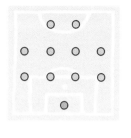

阵型：4-4-2

时间：20 世纪 70 年代

战术描述：后防线上一队后卫，4 名中场以及 2 名前锋。

历史：20 世纪 70 年代，包括罗伊·霍奇森在内的英格兰教练执教瑞典俱乐部时，就是因为使用了这个阵型而大获全胜。20 世纪 80 年代，AC 米兰再度赢得欧洲杯胜利时，使用的就是 4-4-2 阵型。20 世纪 90 年代，4-4-2 称霸了英超的初期岁月。这种阵型可以很聪明地让球员覆盖整个球场，4 名后卫防起整个后防线，中场球员随时准备辅助进攻和防守，两名前锋中总可以由一位控球，另一位在旁辅助。

对足球的影响：两名前锋紧密合作诞生了前锋组合这种概念，这个阵型在意大利和英格兰大获成功。

对比赛的重要性：9/10

梅西使用

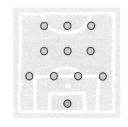

阵型：4-3-3

时间：21 世纪初

战术描述：保持控球权和快速进攻

历史：巴萨在 21 世纪初开始使用一种新战术，名字叫 tiki-taka（极致攻守）。在使用这种战术时，球员希望通过大量短距离快速传球一直保持控球权。球员会经常由聚集在球场一侧，迅速切换到另一侧。巴萨教练何塞普·瓜迪奥拉对球员说："拿到球，传出去。"这种阵型依赖的是球员的技术和思考速度，而非球员的身高和力量，因此像利昂内尔·梅西、哈维·埃尔南德兹和安德雷斯·伊涅斯塔这些小个子球员都极其擅长这种战术。

对足球的影响：技术和速度取代了力量和身高，成为球员所需的关键能力，使得具备这些能力的新球员获得成功。

对比赛的重要性：9/10

未来阵型

我们在前面介绍了 7 种著名的战术阵型，然而在过去百年间，还有另外几十种阵型曾被球员使用过，如今每一年也都会有教练想出新的阵型。战术永远都在进步，因为每当一种战术称霸足球界，其他教练就会想出新的策略来战胜它，这种新战术也会随之称霸。以此类推，随后又会有新策略出现。

为了抢得先机，教练们必须不断创新。如今教练很喜欢让球队压过对方半场，也就是说前锋会在最靠近对方球门的地方夺回控球权。他们也喜欢采用灵活多变的球员，也即那些非常聪明、可以踢不同位置的球员——例如可以踢边锋的后卫。未来我们或许还会看到一些新趋势：守门员经常在禁区外进攻，球员们会更加谨慎地踢长球，所以进球率也可能会更高。

在桶之上

马塞洛·贝尔萨是足球界最具创造力的教练。这位阿根廷教练曾在智利国家队、毕尔巴鄂竞技、马赛和利兹联等球队执教。何塞普·瓜迪奥拉和毛里西奥·波切蒂诺都认为他是一位战术天才。贝尔萨最喜欢的阵型是3-3-1-3。他在球场观看比赛时，很喜欢处在高度比较低的区域。例如他在利兹联时，就会坐在一个倒扣的蓝色小桶上，这个桶后来也成为了俱乐部商店里的畅销品。在马赛时，他会坐在一个冷藏箱上，不过有次他可吓了一大跳。当时有人在箱子上放了杯热咖啡，结果他直接坐了上去，屁股都给烫坏了。嗷嗷！

☆ **优秀学员** ☆
半塔·塞里

"一起紧跟潮流！"

☆☆ **优秀学员** ☆ **档案**

前锋数：3
中场数：3
后卫数：4
守门员数：1
出生地：英格兰西米德兰兹
支持球队：斯托喷（挪威）
最喜爱的球员：哈里·查普曼（他和赫伯特·查普曼可没关系）
特技：与时俱进

历史小测验

1. 意大利语中的 catenaccio 是什么意思?
   - a) 门闩
   - b) 母猫
   - c) 大蒜面包
   - d) 越位

2. 以下哪样东西是赫伯特·查普曼发明的?
   - a) 球门上的横杆
   - b) 点球大战
   - c) 守门员要戴手套
   - d) 助理裁判

3. 当代许多球队采用的高位压迫战术指的是什么?
   - a) 球员身穿熨烫妥帖的球衣
   - b) 球员只说德语,从而迷惑对手
   - c) 一旦失去控球权,就立刻把球夺回
   - d) 守门员和前锋会在半场时交换位置

4. 以下哪个词指的是利昂内尔·梅西在巴萨踢得位置? 在他成功的职业生涯中,大部分时间都在踢这个位置。
   - a) 大 8 号
   - b) 假 9 号
   - c) 错 10 号
   - d) 狡猾 11 号

5. 圣诞树阵型指的是什么?
   - a) 一种没有后卫的阵型,所以就像是给对手的礼物
   - b) 一种 4-3-2-1 阵型,画在纸上就像一棵圣诞树一样
   - c) 任何在十二月的比赛中使用的阵型
   - d) 如果队伍中有一名球员被罚下场,他们就可以采用这种灵活阵型,这是由苏格兰教练科林·克里斯马斯发明的

星期四

第三节＋第四节
个人健康与社会教育

在足球学校，我们都超级爱过生日。蛋糕！派对！礼物！但对于垂垂老矣的亚历克斯和头发渐白的本来说，我们的生日还在提醒着我们，那个能为国家队踢球的梦想已经越来越远了。

这堂课我们会将目光投向年龄，看看球员的年龄和他们在球场上的表现有什么关系。球员是不是会随着年纪增长，球技越来越好呢？他们会在什么时候抵达自己的巅峰时刻？我们将去探究人在盛年时身体的变化，还会发现如今我们都比以前活得更久了。这意味着我们可以有更长的时间享受踢足球和看足球的生活。或许未来我们都可以和曾曾曾孙子坐在一起看比赛！那真是太棒了！

但首先我们要去日本一趟，见见全世界年纪最大的足球运动员。

东京我们来啦！

年老的三浦知良

头发已经灰白，额上也有了皱纹，三浦知良在2017年日本乙级联赛上进球得分。他也因此打破了足球史上的一项纪录。

在50岁那年，这位横滨FC的球员成为了职业足球史上年龄最大的得分球员。他的这个进球是一项不可思议的成就，不仅对他个人来说如此，对全人类也有重大意义。他让人们知道，在有干劲、有准备、有运气的情况下，我们踢球的年限或许可以变得越来越长。

三浦已经当了33年职业球员，这是非常不可思议的，要知道英国球员的平均职业生涯只有8年而已。他在日本是传说级的人物。在日本刚开始举办职业联赛（J联赛）时，他是日本国内最早的超级足球明星。那是1993年，三浦同时获得了当年的最佳得分手和最佳球员。那已经是很久很久以前的事了，就连本都有点记不起来了！

三浦在球场内外都是非常耀眼的人物。他标志性的进球庆祝动作非常有名，那种扭屁股的方式被人们戏称为"三浦舞"。在赛季结束的颁奖上，他穿了一套时髦闪亮的红色西装，其他人则都是穿的黑色。

三浦的球迷都称他为"三浦国王",他是首个参加意大利甲级联赛的日本球员,当时他在热那亚俱乐部踢球。他还曾在巴西、克罗地亚和澳大利亚等地的俱乐部踢过球。当横滨 FC 签下他时,他已经 38 岁了,人们以为他离退役也不远了——但结果他又一直踢了 10 多年。

随着年纪越大,他出来踢比赛的次数也就越少了。2011 年他 44 岁,当年他踢了 31 场比赛,但自那以后,他再没有一个赛季会踢超过 20 场比赛。不过偶尔他还是会重击球网,让崇拜他的球迷们得以再度领略"三浦舞"的风采。

永葆青春的灵药

所以为什么三浦可以做职业球员做这么久呢?他天生就有一副非凡的体格,使得他的身体水平总是远超同龄人,而且他很幸运地没有经历过任何一次足以断送职业生涯的大伤痛。他自己也非常自律,严格执行每天的日程安排。

三浦的日常

1. 早晨5点起床,吃营养师准备的早餐
2. 在参加球队训练前,会先接受私人教练1小时的核心力量训练
3. 洗个冷水澡帮助肌肉恢复
4. 喝一种特制苏打水促进消化

三浦的自律与敬业获得了教练和队友的赞誉。三浦知良似乎已经掌握了永生的秘诀——可能他到了100岁还会在踢球!

黄金般的"老年人"

年龄并不能阻止一个人在最高水平的比赛中竞争。这里列出了一些经验丰富的世界杯纪录获得者:

姓名	国家	年龄	最老纪录	世界杯年份
埃萨姆·埃尔·哈达里	埃及	45 岁 161 天	在比赛中开球	2018
罗杰·米拉	喀麦隆	42 岁 39 天	在比赛中进球	1994
迪诺·佐夫	意大利	40 岁 133 天	在决赛开球	1982
尼尔斯·利德霍尔姆	瑞典	35 岁 264 天	在决赛进球	1958
克里斯蒂亚诺·罗纳尔多	葡萄牙	33 岁 130 天	上演帽子戏法	2018

超级斯坦

在三浦之前,年龄最大的进球运动员是英格兰的斯坦利·马休斯爵士。1964 年,46 岁的马休斯为斯托克城踢进了他职业生涯的最后一球。马休斯是唯一还活跃在球场上就获封骑士爵位的人,这就是为什么他名字后会有"爵士"的称号。他 55 岁时还在马耳他踢球。真是太不可思议了!

劣质身体

像三浦这么大的职业球员都是例外情况。如果一个人是职业球员,他更有可能是一个青少年,而不是一个50多岁的人。许多球员的首秀都是十几岁,例如乔治亚·斯坦威(16岁曼城首秀),以及拉希姆·斯特林(17岁利物浦首秀)。当你年轻的时候,每年你都会比前一年更高一点、更快一点、更强一点。在某个阶段,你就会到达身体的巅峰状态——通常是在30岁左右——然后,你的运动能力通常就会开始走下坡路了。这就是为什么大多数在那个年纪还在踢球的运动员,会开始被其他年轻队员超越。当你进入30岁后,你的身体会有以下几种变化:

心脏

心脏会开始跳得更慢一些,就像电池在流失电量。

影响:我们做事不能像之前那么猛了。

肌肉

我们的细胞一直都在不断死亡和再生。但随着年纪增长,细胞衰老的速度会比再生的速度更快,因此我们的肌肉会变小。

影响:肌肉变小后,我们就无法像之前那么强壮。

脂肪

随着年龄增长,我们新陈代谢的速度会越来越慢,也就是说我们身体将食物转化为能量的速度会放缓。因此我们的体重会增加。

影响:用来在球场上跑动的能量减少了。

骨头

你的骨头会变得越来越薄,尽管通过锻炼和吃高钙食物能帮助延缓这个变化。

影响:骨头强度降低,更有可能骨折。

不过有一点很重要,那就是每个人都是不同的,在变老的过程中,我们的身体表现也都会不一样。我们的基因、性别、医疗史、身体活动水平、激素和饮食都会影响我们的身体表现。在变老的过程中没有所谓对与错——我们不可能每个人都和三浦一样。最起码,本就很讨厌洗冷水澡!

老当益壮

尽管年轻球员会比年长球员速度更快,也更有活力,但有时成为队伍里的"老人"也有自己的优势。

许多好东西都是伴随年龄而来的,例如经验、智慧和幸福感。问问你的父母就知道了!

前阿森纳教练阿尔赛纳·温格却不这么认为。他认为球员到30岁就开始走下坡路了,因此拒绝与任何超过30岁的球员签一年以上的合同,尽管他也承认这要看球员踢什么位置。

在足球界,虽然球员的速度可能会随年龄增长而下降,但他们能够锻炼出其他能力,例如跑动位置的敏感度和比赛的临场智慧,毕竟他们踢的比赛更多。通常老球员的智慧与计策能够打败年轻队员的速度与力量。

事实上,平均来看,前锋普遍是场上最年轻的队员,他们需要能量和速度奔向球门,而守门员一般是最年长的,毕竟他们的经验通常比体能重要。

不同位置球员的平均年龄

守门员	后卫	中场	前锋
26.7岁	26.3岁	25.6岁	25.3岁

有些球员甚至会通过改变位置来延长职业生涯，从而克服身体变老带来的影响：当阿根廷中场哈维尔·马斯切拉诺无法像之前一样掌控整个球场时，他就去踢了中后卫，他迅速掌握场上变化的能力对那个位置来说非常重要。

曾有人研究过球员都在什么年纪抵达巅峰时刻。研究显示，守门员的闪光时刻往往来得较晚。那个位置所需要的沟通能力和组织能力，都会随着年纪增长而增强。守门员的巅峰年纪是29岁，前锋是27岁，中场是25岁。

长生不老

不仅只有足球运动员的职业生涯越来越长，人类这个物种本身也活得越来越长了。和前10年相比，人类的平均预期寿命已增加了7岁，这主要归功于更好的医疗保障和疾病治疗上的医学进步。如果人类寿命继续以这个速度增加，几十年后孩子们就都能活到100岁了！到时候要吹的蜡烛可是不少！

长寿之国

想知道长寿的秘诀吗？科学家们一直在研究以下几个国家，因为那里的人们都最长寿。

排名	国家	人均预期寿命
1	日本	84.1
2	瑞士	83.7
3	西班牙	83.4
4	意大利	83.3
5	卢森堡	82.8
22	英国	81.2

要想长寿，健康的饮食和强健的基因构成都是关键因素。科学家表示，所有长寿的人都有一项特质，那就是勤恳。他们非常可靠，工作努力，而且不会做任何可能伤害自己的事情。这对亚历克斯来说可是好事，因为他总是开车开得很慢！长寿的其他潜在要素还包括乐于助人、积极运动，以及正确交友！

欧洲好老！欧洲好年轻！

欧洲联赛各支球队的平均年龄相差很大。一些小国家的球员通常更年轻，因为他们都是当地的天才选手，之后会签给更大的联赛球队。因此那些球队的平均年龄也会更大。

球员最年轻的国家

国家	平均年龄
克罗地亚	24.2
斯洛文尼亚	24.4
荷兰	24.6
塞尔维亚	24.9
斯洛伐克	25

球员最年长的国家

国家	平均年龄
塞浦路斯	27.5
意大利	27.1
土耳其	27
英格兰	26.8
德国	26.7

☆ 优秀学员 档案

头发数：100 000
白头发数：99 999
早餐前锻炼次数：10
助听器数量：1
出生地：美国格雷斯维尔
支持球队：奥尔德姆（英格兰）
最喜爱的球员：大卫·奥德菲尔德
特技：让时间静止

克雷格海德·里格
"宝刀未老！"

个人健康与社会教育小测验

1. 球场上哪个位置的球员最有可能随着年纪增长不断进步?
   a) 守门员　　b) 后卫
   c) 中场　　　d) 前锋

2. 雅娜·卡尔曼特一直活到了122岁,是全世界唯一活过120岁的人。请问她是哪国人?
   a) 日本
   b) 瑞士
   c) 德国
   d) 法国

3. 埃及的埃萨姆·埃尔·哈达里是世界杯球队中最年长的一名队长,请问他在2018年世界杯时还打破了什么纪录?
   a) 守住世界杯点球的最年长球员
   b) 被罚下场的最年长球员
   c) 第一位在比赛中睡着的球员
   d) 胡子最长的球员

4. 1953年英格兰足总杯决赛,布莱克浦以4∶3的比分战胜博尔顿。请问斯坦利·马休斯在这场比赛中为布莱克浦踢进几个球,以至于这场比赛被称为"马休斯决赛"?
   a) 0　　　　b) 1
   c) 2　　　　d) 3

5. 当一些人变老时,他们的头发会变得花白。请问这是因为毛囊(头发根部的组织)里的细胞少产生了哪种化学物质?
   a) 黑色素
   b) 无黑素
   c) 注入素
   d) 注出素

| 星期四 | 第五节　英语 |

我们都知道自己最喜爱的球队叫什么名字,但你知道这些名字都是从何而来吗?每个名字的背后都有一段故事,这堂课我们将会了解英国各个足球队的名字来源。我们愿意"联"合起来,一起去发现每个"城"和每个"镇"的名字含义吗?准备好喽,我们要去探索庆祝鼻涕的俱乐部、以监狱命名的俱乐部,以及名字里带有野猪的俱乐部啦!哼哼!

英国的地名反映了这个国家的古老历史,通常足球俱乐部的名字也会和他们的历史相关,这里面常常会有些有趣的小故事。等这堂课结束,你看联赛名单时就会有完全不同的感受了。

以足球学校之名,继续读!

联合就是力量

亚历克斯联！本流浪者！

只要在名字后面放上"联"或"流浪者",听起来就已经像个足球俱乐部了。但决定用这些词来形容俱乐部的人是谁,以及他为什么会这么做呢?

1854年,谢菲尔德首先在体育运动中使用了"联"这个字,那时当地几家板球俱乐部决定合并成一家。新的俱乐部就叫作"谢菲尔德联板球俱乐部",因为是几个小俱乐部联合成为了一个大俱乐部。出局!

又过了30多年,足球才加入使用"联"字的行列。1889年,这家板球俱乐部决定成立一支足球队,也叫作"谢菲尔德联"。因此刀锋队就成为足球史上第一支名字中有"联"的足球队。厉害!

几年后,纽卡斯尔东区和纽卡斯尔西区(当地最大的两支足球队)合并。为了反映出他们的联合历史,他们决定将俱乐部的名字改为"纽卡斯尔联"。"联"这个字于是变得流行起来。

随后到了1902年,曼彻斯特当地一支名为纽顿希夫的球队决定改名,他们希望让球队的名字听上去更加惊艳。他们在"曼彻斯特中心"和"曼彻斯特凯尔特人"这两个名字间争论,但最后他们选了"曼彻斯特联"这个名字,因为它听起来宏大而富有包容性。自此以后,"联"这个字就和足球紧密联系在了一起,因此这个习惯也传到了其他国家。

我孤独地漫游，就像一家俱乐部

英文中的流浪者（Rover）常常会被用来作为狗的名字。汪汪！

流浪指的是某人四处游荡，没有固定的目的地。正因如此，在19世纪时，那些没有固定主场的板球俱乐部、足球俱乐部和英式橄榄球俱乐部，有时就会称自己为"流浪者"或"漫游者"。他们四处流浪、漫游，去任何可以比赛的地方。流浪者原先也可被用来指代"海盗"，这让俱乐部听起来有些可怕，因为他们似乎渴望着金钱与荣誉。之前叫作流浪者的俱乐部通常都是客场球队，他们踢球只为快乐。不过今天的那些流浪者队（布莱克本、布里斯托尔、唐卡斯特、特兰米尔和森林绿）和漫游者队（伍尔弗汉普顿、韦康比和博尔顿）都有自己的球场了。太棒啦！

粉笔教学

足球中有个名字的历史和"不列颠"（Britain）这个词一样悠久。现知大不列颠岛的最古老的名字叫作"阿尔比恩"（Albion），源自单词"阿不思"（albus），意思是"白色"。之所以叫这个名字，是因为当你坐船从大陆来到这座岛上时，映入眼帘的第一样东西就是多佛明亮的白垩崖。如今阿尔比恩依旧是这个国家的诗意之名，许多酒吧、街道和体育俱乐部都会使用这个名字。西布罗姆维奇镇之前有一片区域叫作阿尔比恩，因此当地的俱乐部被称为"西布罗姆维奇阿尔比恩"。其他带有阿尔比恩的俱乐部还有布莱顿-霍夫、伯顿和斯特林。听够了吗？好的！我们要继续出发啦！

独一无二

有些俱乐部的名字绝对是独一无二。全世界只有唯一托特纳姆热刺、谢菲尔德星期三、莱顿东方和克鲁亚历山大。

托特纳姆的名字背后是一个和马有关的故事。这支球队是以一位中世纪士兵的名字命名的，那位士兵叫作亨利·珀西，外号热刺。以前骑马的人会在靴子前装一根金属刺，从而让马跑得更快。

珀西生活在足球出现前500年左右。他之所以会有"热刺"这个外号，是因为他骑马时无所畏惧，靴子上的刺也由于使用太过频繁而变得很热。珀西家族的后代拥有北伦敦托特纳姆附近的土地。于是当地学生在想板球队和足球队的名字时，决定纪念这位伟大的士兵。不过"热刺"还会被用来形容那些行动鲁莽，不考虑后果的人。就连托特纳姆也不会希望球队里有这样一个"热刺"！

谢菲尔德星期三之所以叫这个名字，是因为他们原来是个板球俱乐部，只会在周三打比赛。

莱顿东方之所以叫这个名字，是因为之前有名队员曾在东方航运公司工作。

克鲁亚历山大是以亚历山大公主命名的，她后来成为了王后，因为她是国王爱德华七世的妻子。了不起的女士！

枪与玻璃

英格兰有两大俱乐部都是以建筑命名的：阿森纳和水晶宫。阿森纳在英文中的意思是"兵工厂"，指的是制造并存放军事武器的地方。皇家阿森纳位于南伦敦的伍尔维奇，原先是英国军队存放机械和军火的地方。1886年，当地工人组建了一支足球队，名字就叫皇家阿森纳。后来他们又将名字改成了伍尔维奇阿森纳，而当俱乐部搬迁到北伦敦后，名字中的伍尔维奇就被舍去了。如今阿森纳最致命的武器就是它的前锋！

水晶宫原先是英国最闪耀夺目的建筑。水晶宫由玻璃和铁制成，整个建筑大约有11个足球场那么大。水晶宫建于1851年，位于伦敦海德公园内，当初是为了在这里举行万国博览会而建。万国博览会上会展出由世界各地带来的物品。博览会结束后，这个建筑就被拆掉了，并在位于南伦敦的塞登姆山丘重建。为了吸引人来参观，该建筑的拥有者在1905年成立了一支名叫水晶宫的足球队。1936年水晶宫在一场大火中付之一炬，可这个名字却被保留了下来。不仅塞登姆山丘的周边地区仍被称为水晶宫，如今这支足球队更成为了南伦敦的骄傲！

许多火腿

很久很久以前，久到1000多年前，英格兰中部的某个高地上曾有一个村庄。

这个村庄的名字叫作汉顿（Heantun），因为在当时所用的古英语中，hean的意思是"高"，tun的意思是"村庄"。

英格兰国王埃塞尔雷德二世将汉顿送给了一位贵族女士，她的名字叫作伍尔夫，于是这个村庄就被称为伍尔夫的汉顿。

这个村庄不断发展壮大，如今这个地方就变成了……伍尔弗汉普顿。

是的，这座城市的名字并不来自于一群狼，而是源自一位叫作伍尔夫的贵族女士！

英国在400—1100年间所使用的语言是古英语，许多地方最初起名时也都是用古英语的。例如你知道为什么英国许多城镇的结尾都是"ham（发音近似"汉姆"，现在的意思是火腿）"吗？可不是因为这些地方以前都是养猪场！而是因为在古英语中，"ham"指的是"村庄"，"hamm"指的是"被水或沼泽包围的土地"。

英语许多方言中也有古英语的踪迹，例如盎格鲁语。另外古英语也受到了其他古代语言的影响，例如古挪威语。或许如今已经没有人说这些古代语言了，但我们还是可以从一些词汇中找到它们的蛛丝马迹。

现在让我们打开《足球学校老词典》，看看英格兰那些重要足球小镇的名字来源吧。

足球学校老词典

Aston Villa（阿斯顿维拉）

意思：东边村庄里的大别墅。

原因：Aston 是英文中表示东边的 east 和古英语中的 tun 组合而成，Villa（大别墅）则是因为 18 世纪时当地有座大豪宅。

Blackburn（布莱克本）

意思：黑色河流。

原因：古英语中的 blaec 指"黑色"或"黑暗"，burna 指"河流"。

Brighton & Hove（布赖顿-霍夫）

意思：Brighton 指布赖特姆的农场，Hove 指兜帽状的山丘。

原因：Brighton 是由 Beorhthelm 和古英语中的 tun 组合而成，Hove 源于古英语中的 hufe，意为兜帽。

Burnley（伯恩利）

意思：褐色木头（或褐色的林中空地）。

原因：古英语中的 brun 指"棕/黑色"，lean 指"木头"或"林中空地"。

Chelsea（切尔西）

意思：白垩到港的地方。

原因：古英语中的 cealc 指"白垩"，hyd 指"到港的地方"或"码头"。

Derby（德比）

意思：鹿场。

原因：古挪威语中的 djur 指"动物"，by 指"农场"。

Everton（埃弗顿）

意思：野猪农场。

原因：古英语中的 eofor 指"野猪"，tun 指"农场"。

Fulham（富勒姆）

意思：富勒的被水或沼泽包围的土地。

原因：由 Fulla（人名富勒）和古英语中的 hamm 组合而成。

Leicester（莱斯特）

意思：利戈雷的镇子。

原因：由凯尔特人部落名 Ligore（利戈雷）和古英语中表示镇子的 ceaster 组合而成。

Liverpool（利物浦）

意思：泥泞的池塘。

原因：古英语中的 lifer 指"泥泞浑浊"，pol 指"池塘"或"小溪"。

Manchester（曼彻斯特）

意思：镇子里的山丘外形像胸部。

原因：由古威尔士语中的 mamm（"胸部"或"胸部形状的山丘"），及古英语中的 ceaster 组合而成。

Nottingham（诺丁汉）

意思：斯诺特的人民居住的村庄。

原因：撒克逊的首长名叫 Snot（斯诺特），诺丁汉是由这个词和古英语中的 –ingas（……的人民）和 ham 组合而成。

Southampton（南安普顿）

意思：指被沼泽包围的土地上南部的农场。

原因：由古英语中的 hamm 和 tun 组合而成。

Stoke（斯托克）

意思：地方。

原因：古英语中的 stoc 指"地方"。

Tottenham（托特纳姆）

意思：托特的村庄，或托特的被水或沼泽包围的土地。

原因：由 Totta（人名托特）和古英语中的 ham 或 hamm 组合而成。

Watford（沃特福德）

意思：浅滩狩猎。

原因：古英语中的 wad 指"狩猎"，ford 指"浅滩"。

West Ham（西汉姆）

意思：西边被水或沼泽包围的土地。

原因：源自古英语中的 hamm。

滑稽地名

英国充满了各种有趣的地名，下面列出了我们最喜欢的几个名字：

- 诺福克的大鼾镇
- 阿伯丁郡的放屁村
- 汉普郡的痛击村
- 多塞特的水坑镇
- 莱斯特郡的豆子里的巴顿村

英语小测验

1. 切尔西港口之前常常会运哪种货物，导致该地得名切尔西？

   a）巧克力
   b）芝士
   c）白垩
   d）鹰嘴豆

2. 布里斯托尔流浪者的外号刚好代表了球队名字的古老含义，请问这个外号是什么？

   a）布里斯托尔人
   b）陆地流浪者
   c）海盗
   d）猎犬

3. 伍尔弗汉普顿的居民被称为什么？

   a）狼
   b）金刚狼
   c）伍尔弗人
   d）狼獾

   我喜欢寻找球门！

4. 水晶宫在改名为老鹰队之前的外号是什么？

   a）玻璃清洁工
   b）玻璃安装工
   c）水晶
   d）晶典

5. 利物浦主场的看台被称为"Kop"，请问这个名字从何而来？

   a）指的是南非的一座山，许多利物浦当地的士兵在参加布尔战役时死在了那里
   b）指的是默西塞德郡警察局
   c）指的是安菲尔德球场附近的一家便利店，许多球迷会在比赛前去那里买巧克力
   d）是 K-pop（韩国流行乐）的缩写，因为这是俱乐部创始人最喜欢的音乐风格

星期五　第一节 + 第二节　心理学

在这堂课一开始，先请大家回答一个著名的谜题。

一位父亲和儿子遇到了车祸。父亲不幸身亡，儿子立刻被送到了医院。当值的外科医生说："我不能为这个男孩做手术，他是我的儿子。"

这怎么可能呢？

请大家想一会儿答案究竟是什么，再继续往下读。

对许多人来说，这个问题实在太让人困惑了。一位父亲怎么能在死了的情况下，还给儿子做手术呢？

实际上这个答案很简单。那位外科医生不是男孩的父亲，而是男孩的母亲。

如果你立刻想到了医生是母亲，那我们要为你鼓掌。恭喜你！然而对大多数人来说，他们的第一反应就会认为外科医生应该是个男人。尽管大量外科医生都是男性，但也有许多外科医生是女性。

偏见指的是对某个人或某种情况存在某种先入为主的看法。这堂课要讲的是无意识偏见，意思是在生活中或是在足球场上，我们可能在自己没有意识到的情况下，就做出了某种不公正的评断。如果你没有经过仔细思考，就认为某件事该是如何，你就有可能是错的！对吧？

一份利润

这里举一个我们生活中的小例子。在校园活动日上，亚历克斯以每块 1 英镑的价格卖蛋糕，然而无人购买。

接着本在他旁边也摆了个摊位卖蛋糕，售价是每块 3 英镑。你猜接下去会发生什么？所有人都开始买亚历克斯的 1 英镑蛋糕！

这是因为当我们看到两样看起来差不多的东西，在标价上差距非常大时，我们就会认为标价较低的那个比较划算，也就更可能去买它。但如果我们只看到了单个东西自己的标价，就很难知道它是不是物美价廉。

商店总会用这种手段。他们通常会把最贵的东西摆在最显眼的位置，这样其他东西相比之下就都看上去很便宜了。一双 100 英镑的足球鞋听起来可能很昂贵，但把它摆在橱窗里，旁边放着一双 300 英镑的足球鞋，它看起来就很便宜了。

这个故事告诉我们，我们的大脑很容易被人骗——尤其是那些想卖东西给我们的人。我们需要一直保持警惕：不能单单因为一双鞋（或是一块蛋糕）比另一双鞋（或另一块蛋糕）便宜，就觉得它很划算。可能那两个东西都很贵！

货比三家

黄色危险

在第二个故事里,本去到了一家商店买鞋。

他注意到所有工作人员都穿着同一双亮黄色运动鞋。

他问售货员店里卖不卖这双鞋。售货员回答说:"我们现在只剩一双了,因为这个鞋实在太受欢迎了!"

本会怎么做呢?

他当然会买下这双运动鞋啦!大部分人都想买别人买过的东西,因为这会让我们觉得自己的决定得到了别人的支持。

换句话说,单纯因为别人觉得某件东西好,我们就会默认这件东西是好的。但请想一想,别人可能全错了啊!或许这双黄色运动鞋其实标价虚高、粗制滥造、丑陋不堪呢?

尽管从众是一件很有诱惑力的事情,但我们总是应该停下脚步,独立思考。

二次思考

当别人告诉我们某个信息时,我们通常会有两种反应。

第一种反应是即时的。那是一种直觉,但通常可能充满了错误认知。这种时候我们就可能会产生无意识偏见。

第二种反应是我们反思后产生的,我们会仔细思考该则信息,并且意识到自己的认知可能是错的。

足球迷们总会这样做。接下去我们就要探索足球中的一些常见认知。

常见认知 1

事实:你支持的球队签了一位巴西球员。

初始反应:太棒了!这样他们就能做一些精彩的传球和特技了。

思考后反应:可能他们做不到。

认知解释:像内马尔、菲利佩·科蒂尼奥、罗伯托·菲尔米诺这些球员的确球技非凡,他们也塑造了我们对于巴西球员的认知。当我们听说一位球员是巴西人时,情不自禁地就会把他和那些知名巴西球员联系在一起。然而全世界有许多巴西球员,其中也有很多低调的后卫。

常见认知 2

事实：史密斯刚刚罚丢了一个点球。下一个点球该换另一位队友来踢吗？

初始反应：该换！

思考后反应：也许不该。

认知解释：我们都有短时记忆。如果史密斯刚刚罚丢了点球，我们可能会立刻认为史密斯不擅长踢点球，但他有可能在此之前已经踢进了 100 个点球，只是失误了刚刚那个而已。这时踢下一个点球的最佳人选当然是……史密斯！

常见认知 3

事实：流浪者队在杯赛上以 1∶0 打败了联队

初始反应：流浪者队是最优秀的球队！

思考后反应：这次胜利可能只是侥幸。

认知解释：在足球界，最优秀的球队也不是每次都会赢。比赛正是因为具有这种不可预测性，才会如此激动人心。假设流浪者队侥幸进了一球，但比赛中 95% 的时间球都在他们半场，而且在联队创造了 30 次进球机会的情况下，他们却只有那一个侥幸球。我们通常会做事后诸葛亮——一旦你知道了比赛结果，就会带着结果的偏见来看待整场比赛，但有时结果并不能公正地反映出整场比赛发生了什么。

常见认知 4

事实：你支持的俱乐部正在从两名守门员中二选一。你听说其中一位的身高是 1.9 米，另一位的身高则是 1.6 米。

初始反应：选个子高的那个！

思考后反应：个子高并不代表一切。

认知解释：球迷通常会认为守门员个子越高，表现就会越好，但身高并不是衡量守门员能力强弱的唯一标准。除了直立时的身高之外，守门员的臂展、肩膀灵活性和跳跃力量都会影响守门员的守球高度。另外，守门员还得有优秀的预判能力，出手勇敢果断，对周围变化非常敏感，可靠性高，以及良好的沟通和组织能力。身高较矮的守门员也可能会是更好的选择。

常见认知 5

事实：你支持的俱乐部正在从两位教练中二选一。其中一位有联赛执教经验，另一位没有。你希望俱乐部雇佣有经验的那位吗？

初始反应：是的！

思考后反应：熟悉并不是成功的必要条件。

认知解释：我们的大脑会自动认为，熟悉某个工作就会让我们在做那件事时更加擅长，但这并不一定。研究表明，先前是否有联赛执教经验，对于教练在联赛中的表现毫无影响。

不是只有男性才能当教练

每当英国的足球俱乐部要换教练时,他们会首先列出一个名单,通常名单上都只有男性。英国足球界应该对此感到羞愧,因为他们认为只有男性才会成为优秀教练。这种认知是错误的!很少有女性曾被任命为主教练,尽管像科琳·迪亚克雷和陈婉婷这样的女性主教练都表现非凡。科琳·迪亚克雷曾在法国乙级俱乐部克莱蒙执教3年,带领球队取得了出色成绩。陈婉婷则曾带领中国香港东方队获得香港足球超级联赛冠军。由于没有任命优秀女性来担任高级职位,俱乐部正在错失提升球队的机会。我们希望这种现状会改变!

斯吐凡·斯尔比托
☆ 优秀学员 ☆
"想法超越事实!"

☆☆ 优秀学员 ☆ 档案
膝跳反射时间:0.001秒
思考后反应时间:10秒
反应数量:2
膝盖数量:2
出生地:塞舌尔的阿桑普申岛
支持球队:弗拉德(伊朗)
最喜爱的球员:马蒂亚斯·迈德尔
特技:传球前思考两次

心理学小测验

1. 内马尔是哪里人?
   a) 巴西
   b) 阿根廷
   c) 荷兰
   d) 哥伦比亚

2. 以下哪个词形容的是依靠个人经验或环境做出的判断?
   a) 公正
   b) 计谋
   c) 偏见
   d) 猜测

3. 神经以多快的速度将大脑生成的信息传到肌肉进行执行?
   a) 每小时约 48 千米
   b) 每小时约 161 千米
   c) 每小时约 402 千米
   d) 每小时约 644 千米

4. 平均来看,点球得分的比例有多少?
   a) 50%
   b) 66%
   c) 78%
   d) 90%

5. 豪尔赫·坎波斯是墨西哥出场次数最多的守门员,为了让自己在集体照中看起来更高一点,他在拍照时会站在什么东西上面?
   a) 梯子　　b) 足球
   c) 教练　　d) 吉祥物

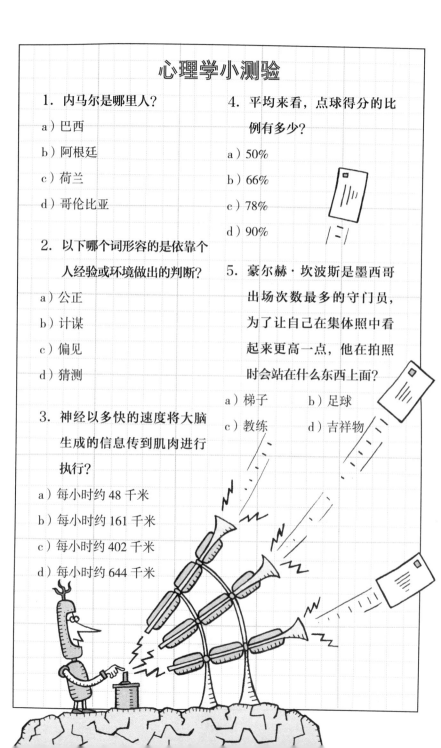

| 星期五 | 第三节 + 第四节　政治 |

今天我们要去游览巴尔干半岛，它位于欧洲南部，有着丰富的足球历史。巴尔干半岛上的人们，当然能在踢足球这件事上非常能"干"！我们会将目光投向6个国家：塞尔维亚共和国、克罗地亚共和国、斯洛文尼亚共和国、北马其顿共和国、黑山共和国，以及波斯尼亚和黑塞哥维那。

在20世纪90年代初之前，这些国家原来全部属于同一个国家：南斯拉夫。它被称为"欧洲的巴西"，因为那里盛产优秀球员。在这堂课上，我们将会了解足球在南斯拉夫解体过程中起到了什么作用，以及学习更多关于那片地区及地区政治的知识。可别错过这次机会！

准备好了吗？你先出发吧！别，还是你先！

南斯拉夫的诞生

东欧人数量最多的是斯拉夫人。1918年,生活在东欧南部的人们决定一起成立一个叫作"塞尔维亚 – 克罗地亚 – 斯洛文尼亚王国"的国家,原名Yugoslavia的意思是"南斯拉夫人的土地"。

成立这样一个新国家的想法其实是很崇高的。几百年来,这片地区一直在被侵略和抢夺,因此住在这里的人们(塞尔维亚人、克罗地亚人、波斯尼亚人和斯洛文尼亚人等)决定团结起来。毕竟他们之间有很多共同点,例如相似的语言、习俗和地理条件。南斯拉夫联合起来!

南斯拉夫人一直都很热爱足球。1930年,南斯拉夫国家队参加了首届世界杯,拿到了第4名的好成绩。他们在1960年获得了奥运会足球项目的金牌,并于1960年和1968年获得了欧洲足球锦标赛的亚军。南斯拉夫最大的两家俱乐部——贝尔格莱德红星和萨格勒布迪纳摩,在全欧洲都非常知名。1991年红星队获得了欧洲冠军杯(欧冠的前身)冠军,队伍中的球员几乎全都是南斯拉夫人。

1980年5月4日，贝尔格莱德红星与哈伊杜克斯普利特在后者主场进行南斯拉夫甲级联赛决赛。比赛过程中，突然传来了南斯拉夫总统铁托逝世的消息。铁托自1953年以来一直都是南斯拉夫的国家元首。球员开始在球场上哭泣，5万球迷高唱着赞扬铁托的歌曲，来表达自己的伤心之情。

失去了铁托这样一位强大且深得人心的领导人，南斯拉夫的和平也就很难保持住了。在接下去几年里，南斯拉夫不同族群之间开始出现争端，尤其是塞尔维亚人和克罗地亚人。

贝尔格莱德是塞尔维亚的首都，萨格勒布则是克罗地亚的首都。贝尔格莱德红星球迷和萨格勒布迪纳摩球迷之间的争端，也加速了两个国家关系恶化。

改变世界的一脚

1990年5月,萨格勒布迪纳摩和贝尔格莱德红星在南斯拉夫甲级联赛中相遇,在两支球队的比赛中爆发了一场骚乱。球迷们相互扔石头和座椅,撕扯广告牌,并用小刀攻击彼此。警察在应对暴力时,使用了警棍和催泪弹。一位迪纳摩球员甚至用武力踢了警察一脚。这可不是我们口中的进攻型中场!

这场足球暴动成为了南斯拉夫历史上的重要时刻。这件事表明,南斯拉夫人彼此之间的紧张关系很容易就会演变为暴力行为。这场比赛结束之后不久,克罗地亚和塞尔维亚正式开战。

巴尔干分裂

克罗地亚和塞尔维亚之间的战争迅速蔓延到了南斯拉夫其他地区。每一个地区都在打仗,都想要建立自己的独立国家。最终,南斯拉夫分裂成了6个不同的国家。据称,这场发生于20世纪90年代的南斯拉夫战争死伤无数,是二战后欧洲最为血腥的一场冲突。

这场战争对足球也造成了一定影响。受战争影响,南斯拉夫国家队被禁止参加1992年欧洲足球锦标赛。同年,国际足联承认克罗地亚为独立足球国家,并在随后几年陆续承认了其他南斯拉夫社会主义联邦共和国的成员。克罗地亚在1998年首次参加世界杯,并获得了第3名。

对20世纪80年代和90年代间出生于巴尔干半岛的孩子们来说,他们的成长过程中,每天都在和炸弹、狙击手和手榴弹为伴。但这并没有阻止他们中的许多人成为出色的足球运动员,例如获得2018年金球奖的卢卡·莫德里奇。近年来,来自塞尔维亚、克罗地亚、斯洛文尼亚、北马其顿、黑山,以及波斯尼亚和黑塞哥维那的球员们都出现在了英超比赛中。

我们认为,如果这些国家能像之前一样再组建一支球队,那它很可能会是全世界最强的球队!

如今战争已经结束,巴尔干地区也成为了很受欢迎的旅游胜地。翻到下一页,跟着足球学校一起去旅行吧!

克罗地亚

人口：约 400 万[1]

独立时间：1991 年

首都：萨格勒布

顶级球队：萨格勒布迪纳摩，哈伊杜克斯普利特

明星球员：卢卡·莫德里奇

足球小知识：克罗地亚国家队的球衣使用了红白相间的棋盘格图案，这个带有国家象征意义的图案原本是用在克罗地亚纹章的盾牌上的。这个图案的来源可以追溯至 10 世纪，据说当时克罗地亚国王——德尔日斯拉夫被威尼斯总督俘虏，国王通过一盘棋的胜利重获自由。后来他便将棋盘图案放到了自己的纹章上。"将"死他们!

国家小知识：威廉·莎士比亚在创作戏剧《第十二夜》时，设定的场景就是克罗地亚的达尔马提亚地区和克罗地亚的西海岸。著名的斑点狗又叫达尔马提亚狗，它的名字正是由此而来! 好点子!

---

[1] 本书涉及的均为 2019 年的人口数据。

塞尔维亚

人口：约 700 万

独立时间：2006 年

首都：贝尔格莱德

顶级球队：贝尔格莱德红星，贝尔格莱德游击

明星球员：亚历山大·米特洛维奇

足球小知识：贝尔格莱德红星是南斯拉夫唯一赢过欧洲冠军杯的球队，它在 1991 年欧洲杯决赛上，用点球战胜了法国马赛队。红星队和贝尔格莱德游击队之间的德比大战极其激烈，在足球界的德比战中数一数二。

国家小知识：塞尔维亚是全世界最大的树莓产地。名叫阿里列的小镇每年都会举办树莓节，人们会在那段时间举办各种和树莓有关的比赛，比如寻找最甜的树莓和最可口的树莓蛋糕，不过幸好没有比谁吹的口哨声① 最响。

---

① 英文中表示树莓的 raspberry，还有"口哨声"的意思。

波斯尼亚和黑塞哥维那

人口：约 350 万

独立时间：1992 年

首都：萨拉热窝

顶级球队：萨拉热窝 FK，泽列兹尼察

明星球员：米拉勒姆·皮亚尼奇

足球小知识：韦达德·伊比舍维奇的进球让波斯尼亚和黑塞哥维那得以首次参加世界杯（2014）。7 岁时，韦达德和家人为了躲避战争，和另外 5 户人家一起住在一间大房子里。他曾搬去瑞士和美国居住，最终又重新回到欧洲成为了职业球员。

国家小知识：波斯尼亚占据这个国家 80% 的领土，并且拥有首都萨拉热窝。黑塞哥维那则是南部的多山地区，组成了余下的 20%。那里还有 16 世纪的斯塔尔古桥，该古桥是整个国家最著名的地标。

斯洛文尼亚

人口：约 200 万

独立时间：1991 年

首都：卢布尔雅那

顶级球队：马里博尔，卢布尔雅那奥林匹亚

明星球员：扬·奥布拉克

足球小知识：斯洛文尼亚有培育优秀守门员的传统：国际米兰的萨米尔·汉达诺维奇，桑普多利亚的维迪·贝雷奇，还有位于世界最优秀守门员行列的扬·奥布拉克。扬曾和马德里竞技两次打进欧冠决赛。他的父亲马特加兹原先是一名业余守门员。扬曾在父亲某场比赛的中场休息时间，去场上练习守门，并因此被奥林匹亚俱乐部发掘。真巧！

国家小知识：养蜂是斯洛文尼亚最古老也最令他们骄傲的一项传统——同时是全国最受欢迎的爱好。每年斯洛文尼亚的蜜蜂能生产大约 2000 吨蜂蜜。简直不可置信！

北马其顿

人口：约 200 万

独立时间：1991 年

首都：斯科普里

顶级球队：瓦尔达，斯肯迪亚

明星球员：戈兰·潘德夫

足球小知识：达尔科·潘采夫被视为马其顿有史以来最伟大的球员。在 1991 年贝尔格莱德红星战胜马赛的那场欧洲杯决赛上，他踢进了那个决定胜负的点球。但是由于在国际米兰的一个赛季表现不佳，他被选为有史以来最糟糕的甲级联赛球员。太难了！

国家小知识：亚历山大大帝是马其顿人，他是历史上著名的军事领导人之一，曾经建立了 20 多座城市，如今这些城市还都以他的名字命名（包括埃及港口城市亚历山大）。假如国家队能让他当教练可不得了！

黑 山

人口：约 65 万

独立时间：2006 年

首都：波德戈里察

顶级球队：布杜克诺斯特

明星球员：德扬·萨维切维奇

足球小知识：黑山队队长米尔科·武契尼奇有一种奇怪的庆祝进球的方式。2010 年，当战胜瑞士队获得冠军后，他便冲向球迷，脱下短裤套在头上庆祝，向球场里的所有人展示自己的白色内裤！他也因此被裁判记为犯规。真是一场奇怪的脱裤秀！

国家小知识：黑山有一棵树龄 2000 多年的橄榄树，名叫斯塔拉·马斯利纳，被誉为全世界最古老的橄榄树。这棵树的一侧已被烧焦，历史学家无法确定它究竟是被闪电击中造成的，还是由于当地人在树下打牌造成了意外火灾。听起来十分耐人寻味！

神奇的德拉甘·扎伊奇

德拉甘·扎伊奇是南斯拉夫国家队出场次数最多的球员。他是一名天才型左翼,1968年和国家队一起踢进了欧洲足球锦标赛的决赛,并在半决赛时踢进一球,打败了英格兰队。英国报道称他为"神奇的德拉甘",贝利也说"他是巴尔干的奇迹,是一名真正的巫师"。扎伊奇曾和贝尔格莱德红星一起赢过5次甲级联赛冠军,并在获得1991年欧洲杯冠军时参与了教练工作。在欧洲足联成立50周年之际,塞尔维亚足协授予了扎伊奇史上最优秀球员的称号。魔术师!

亚维拉斯·果丽

☆ 优秀学员

"我已支离破碎!"

☆ 优秀学员 档案

护照数:6
学校下棋排名:第1名
每日树莓摄入量:200
宠物蜜蜂数:1000
出生地:埃及亚历山大
支持球队:巴尔坎柔亚(乌克兰)
最喜爱的球员:内蒂·霍尼巴尔
特技:可以分裂出一个后卫

政治小测验

1. **为什么克罗地亚的主场球衣上有棋盘格图案?**

   a) 蛇和梯子太难设计了。
   b) 一位古代国王通过下棋获得自由后,在纹章上加入了棋盘格图案,球衣上的图案正是来源于此。
   c) 当球队首次参加比赛时,当地一家餐馆借了他们一些桌布穿。
   d) 克罗地亚第一任队长——切柯·扎奇克在获得国际跳棋世界杯冠军后,坚持让球队使用这个图案。

2. **受战争影响,南斯拉夫被禁止参加1992年欧洲足球锦标赛。哪支球队在最后一刻取代他们参赛,并一路获得了冠军?**

   a) 瑞典
   b) 葡萄牙
   c) 丹麦
   d) 乌拉圭

   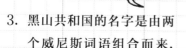

3. **黑山共和国的名字是由两个威尼斯词语组合而来,请问那两个词语翻译过来是什么意思?**

   a) 黑色的山
   b) 黄色的沙
   c) 绿色的橄榄
   d) 橙色橙子

4. **波斯尼亚和黑塞哥维那中场米拉莱姆·普贾尼奇曾为哪个国家的青年队踢球?**

   a) 英格兰
   b) 波斯尼亚和黑塞哥维那
   c) 克罗地亚
   d) 卢森堡

5. **南斯拉夫后卫施尼沙·米赫洛域曾为罗马和国际米兰踢球,随后又在6支意大利球队和塞尔维亚国家队执教。请问他在意大利创下了哪项甲级联赛纪录?**

   a) 被出示最多红牌
   b) 踢进了最难的进球
   c) 第一位守住点球的非守门员球员
   d) 任意球进球次数最多

星期五　　　　　第五节　魔术

瞧一瞧，看一看！

今天下午是魔术社活动。魔术是一种娱乐活动，魔术师会让某件看上去不可能的事情成真，例如让一枚硬币消失，或是从帽子里变出一只兔子。每当魔术师变了个好魔术，而你又不知道他是如何做的，就会产生一种好奇而惊讶的感受。

足球也是一种娱乐活动，能够激发人们的惊叹和诧异，尤其是在你看到球员做出某个特别巧妙的动作时。这就是为什么有时我们会将那些技术非常优秀的球员称为魔术师或巫师。他们似乎能做出某些违反自然规律的行为。

在本周最后一堂课上，我们将会学一些魔术技巧和一些足球技巧。我们会发现，足球运动员和魔术师所用的方法都是一样的。轻轻敲击魔杖，一起来找出答案吧！

嗒哒

一阵烟雾过后……

欢迎来到足球学校魔术社!

魔术社有个规定,你不能将在这里发生的任何事情告诉别人。在开始前,请先签署下面这份声明。

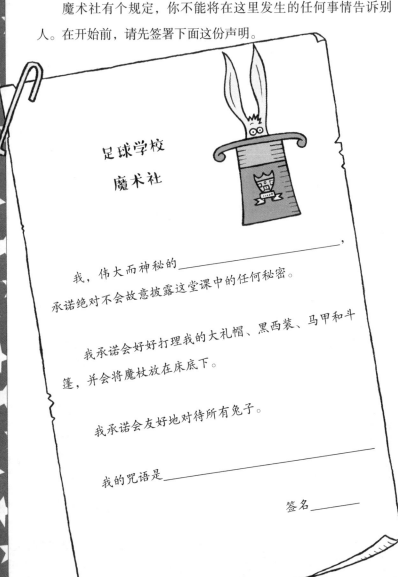

足球学校
魔术社

我,伟大而神秘的_____,承诺绝对不会故意披露这堂课中的任何秘密。

我承诺会好好打理我的大礼帽、黑西装、马甲和斗篷,并会将魔杖放在床底下。

我承诺会友好地对待所有兔子。

我的咒语是_____

签名_____

难以捉摸的特征

魔术有很多种形式。有一种近景魔术，指的是魔术师会用硬币、纸牌、绳子等道具，直接在一位观众面前表演魔术；有一种舞台魔术，指的是魔术师通常会和助手一起，在舞台上用大型道具表演魔术；还有一种心灵魔术，指的是魔术师让你相信，他或她可以控制你的想法。魔术师一般会做以下几件事：

 让东西消失再重新出现，例如硬币和人，甚至还有建筑物。

 在被锁链绑住的情况下逃脱，有时是被吊在空中，有时是被锁在箱子里。

 成功做出某种看起来无法提前知晓的预测，例如猜观众从一副牌中抽出了哪一张。

魔术师会用各种技巧来成功表演魔术，其中最重要的两种技巧是错误引导和手法熟练。

灯光、摄像、分散注意力

亚历克斯和本正在足球学校的食堂吃午餐。本的手机放在桌上。

亚历克斯说:"喂!你看到墙上的那个记号了吗?"

本转过头去看墙上的记号,然后亚历克斯在本没注意到的情况下,迅速拿走了本的手机。

这种欺骗的方式叫作错误引导。亚历克斯让本看向一个方向,这样他就不知道另一个方向在发生什么事了。

魔术师很依赖这种技巧,由于一个人不能同时看两个方向,因此这个办法总是很有效。假如魔术师让观众关注他的左手,他就可以用观众看不到的右手做些事情。

魔杖的作用就是辅助这种错误引导。当魔术师用魔杖时,观众的目光会自然地跟随拿着魔杖的那只手,于是魔术师就能用另一只手变魔术了。

最好的魔术师可以在你完全觉察不到的情况下误导你。

灵巧手指和天才脚趾

手法熟练指的是魔术师能用灵巧的手指变出各种魔术,例如轻松地在手指间移动一枚硬币,或是在手掌中藏一颗球。许多纸牌魔术都建立在熟练手法的基础之上,例如用特定方式洗牌,或是在观众注意不到的情况下抽一张牌,或换一张牌。这些技术需要数年的打磨,才能臻于完美。

足球技巧同样需要将错误引导和优秀的运动技术结合起来,尽管足球运动员并不能用胳膊、手和手指。不是手法熟练,而是脚法熟练了!

如果你想成为一名足球"魔术师",我们在后面几页列了一些技巧供你参考。但请记住,无论是魔术技巧还是足球技巧,它们都需要日复一日的大量练习才能达到完美。祝你好运!

魔术技巧 1：如何让一枚硬币出现在你手中

方法：手法熟练

步骤 1：

首先，你需要学习如何"掌控"一枚硬币，意思是说你要在手掌中藏一枚硬币，不能让任何人发现。要做到这一点，请将一枚硬币放在你的右手（如果你是右撇子）中间，或是左手（如果你是左撇子）中间。微微地弯曲手掌，这样硬币就会夹在你的拇指根部和手掌上部之间。当你把手翻过来时，硬币应该还会停在那里。习惯一下在手中有硬币的情况下四处移动你的手。

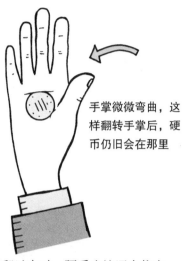

手掌微微弯曲，这样翻转手掌后，硬币仍旧会在那里

步骤 2：

向观众展示另一只（空的）手，告诉他们你会在这里变出一枚硬币。打开你的手掌，让他们相信其中并没有硬币。随后翻转手掌，将指关节朝向观众，拇指和食指相碰。

向观众展示另一只手是空的

步骤3：

说出你的咒语，尽可能自然地让藏有硬币的手经过那只空手。当有硬币的手位于空手上方时，松开上面的拇指，让硬币掉下来，硬币会掉在空手的拇指和食指之间。你需要确保空手呈一个微妙的角度，这样硬币才可以直接掉进去。因为当硬币掉下来的时候，你的手是在移动的。这个环节的练习需要一定时间。

让硬币掉在空着的手中

步骤4：

打开你的手，展示那枚硬币。

成功原因： 观众并不知道你用手藏、掉、抓住了一枚硬币。

让观众看到硬币神奇地出现了

魔术技巧2：如何在不触碰的情况下移动一支铅笔

方法：错误引导

步骤1：确保收音机是打开的。观众不需要知道这是为了什么，但背景音乐对这个魔术很重要！告诉大家你接下去会用静电移动一支铅笔。向观众展示那支铅笔，并将它放在桌子上。

步骤2：摩擦你的双手，解释说这是产生静电的方法。

步骤3：将双手冲向铅笔，与此同时低下头，默默地冲桌上吹气。铅笔会随之滚动，就像被静电推动了一样，然而实际上这是空气流动造成的！

成功原因：所有人都会盯着你的手看，想要检查你到底有没有碰到铅笔。由于没有人看向你的嘴巴，所以他们不会发现你在吹气。

魔术技巧 3：如何捉弄一个朋友

方法：错误引导和手法熟练

步骤 1：你需要 1 个别针和 5 张纸牌道具，确保其中一张牌是 Q。像插图一样拿着五张牌，将花色那一面朝向你的朋友。确保 Q 是中间那张。

步骤 2：像插图一样把纸牌翻过来。请你的朋友把别针别在纸牌 Q 上。

步骤3：确保你紧紧地抓着这5张牌，这样当朋友别住Q的时候，实际上把Q下面的那几张牌都别住了。

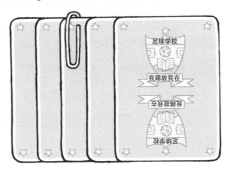

步骤4：当你把牌再次翻过来时，你会发现朋友并没有别住纸牌Q，而单单别住了第5张牌。

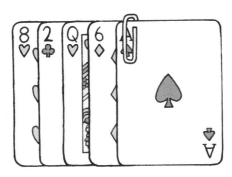

成功原因：这个魔术里共有两重错误引导。首先，你的朋友其实要别住3张牌，而不仅仅是纸牌Q。其次，纸牌的位置有误导性，导致你的朋友犯了错。由于纸牌Q是中间那张牌，所以别中间的牌看起来很合理。然而你看到的那张中间牌，并不在所有牌的中间位置。尽管他们以为自己别在了中间位置，但实际上并没有。这里需要手法的熟练是为了确保你紧紧地拿着这些牌，让朋友别住所有纸牌。

足球技巧 1：齐达内回旋

因谁知名： 齐内丁·齐达内（法国）

是什么： 球员在向前跑的过程中，停下进行 360° 旋转。

有助于： 摆脱对手防守。

成功原因： 突然转身背对防守者，让对方惊讶，然后迅速转身向前跑，让对方困惑。那时他们一定还没意识到球已经从面前跑过了！

怎么做：

1. 带球向对手跑去，将右脚踩在球上，同时以 180° 旋转向左侧跳跃。

2. 当球向回滚时，把右脚放在地上（置于球前），然后把左脚踩在球上。

3. 带球完成 360° 旋转，结束转身。

最佳建议： 先练习慢动作。

足球技巧 2：捉弄守门员

因谁知名：埃登·阿扎尔（比利时）、马里奥·巴洛特里（比利时）等球员

是什么：用身体语言暗示你会往右踢，但实际将球踢向左侧（反之亦然）。

有助于：点球得分。

成功原因：诱导守门员往一侧扑球，这样你就可以踢另一侧得分。

怎么做：

1. 当你踢点球时，助跑的时候要看向球门的一个角。这样你的身体语言就会让守门员以为你会朝那个角踢。

2. 在马上要踢到球前，先观察守门员往哪个方向扑救。

3. 如果守门员是朝你之前看的那个方向扑救，立刻改变你的身体角度并向另一个角射门。如果守门员试图看穿你的想法，并向你之前没有看的方向扑救，那就继续之前助跑的角度，以原先的角度射门。经过一定时间的练习，你就能次次得分了！

最佳建议：练习点球时要不断将目光从球门角和守门员之间切换。

足球技巧 3：克鲁伊夫转身

因谁知名：约翰·克鲁伊夫（荷兰）

是什么：你看起来似乎要往那个方向前进，但突然之间转去了另一个方向。

有助于：躲避危险区域。

成功原因：迷惑对手，让他们朝错误方向前进。

怎么做：

1. 收回右脚，假装要传长球。

2. 将脚停在足球上，把球拉回站立的脚后方。

3. 旋转180°，重心转移到左脚，然后带球往相反的方向冲。

最佳建议：将球拨到站立脚后方时，要通过不断练习来保持身体平衡。

真正的魔术

前阿森纳球员圣迪·卡索拉的外号是 El Mago,是西班牙语中的"魔术师"。当他再次加入比利亚雷亚尔俱乐部,那个他职业生涯开始的地方时,是通过一场魔术出现在球迷面前的。当时西班牙顶级魔术师勇格在球场上放了一个空的玻璃管,随后让里面充满烟雾。而当烟雾全部散去,卡索拉就站在玻璃管中了。大变活人!

优秀学员

拉布达凯·拉布熊

"仔细看!"

优秀学员 档案

咒语字数:3
耳后硬币数:12
一副牌的数量:52
可以把一个人"切成"几份:2
出生地:英格兰班尼
支持球队:卡迪夫城(威尔士)
最喜爱的球员:阿德莫拉·卢克曼
特技:用帽子戏法变出兔子

魔术小测验

1. 以下哪个术语形容的是：试图让某人看向错误的方向？

   a) 迂回
   b) 错误方向
   c) 错误引导
   d) 一个方向

2. 某位因精彩的逃脱术而非常著名的魔术师叫什么名字？

   a) 哈里·斯泰尔斯
   b) 哈利·胡迪尼
   c) 哈里·雷德克纳普
   d) 哈利·凯恩

3. 西班牙中场大卫·席尔瓦有个知名外号——El Mago，请问这个词是什么意思？

   a) 幻想家
   b) 女巫
   c) 魔术师
   d) 算命师

4. "佯攻"指的是虚假攻击，请问这个词源自哪种行为？

   a) 击剑
   b) 晕倒
   c) 放屁
   d) 飞翔

5. 为了推动魔术发展，人们曾在1905年成立了一个国际俱乐部，请问该俱乐部的名字是什么？

   a) 现在你们看见我们了
   b) 梅林俱乐部
   c) 魔术圈
   d) 魔术师课堂

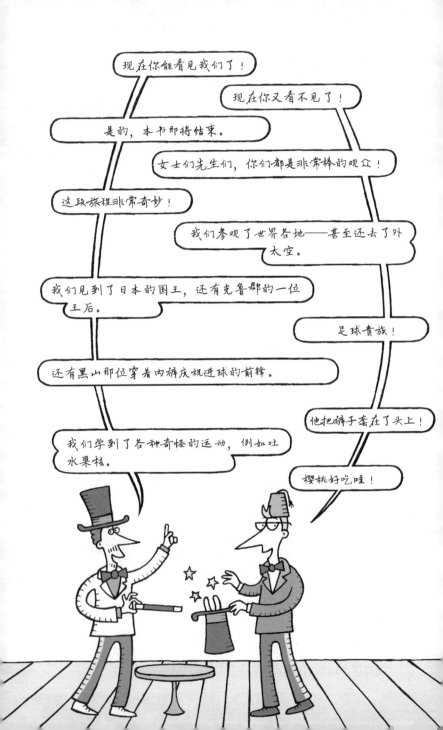

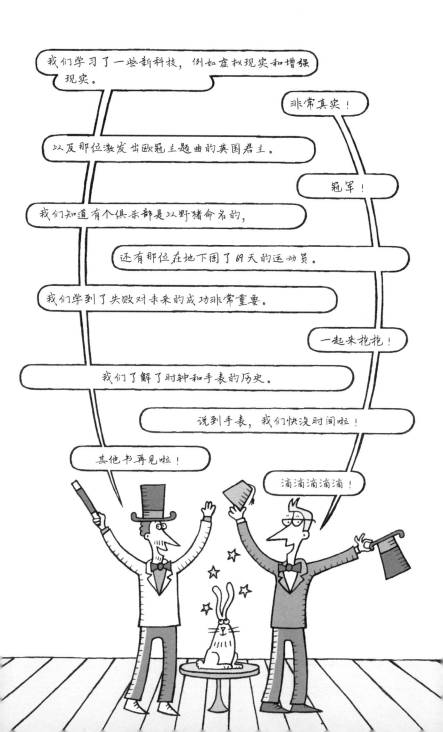

小测验答案

生物

1. d

2. b

3. a

4. b

5. a

现代语言

1. c

2. a

3. b

4. d

5. b

数学

1. c

2. c

3. c

4. b

5. d

音乐

1. a

2. b

3. b

4. a

5. c

计算机科学

1. b

2. a

3. d

4. c

5. b

哲学

1. d

2. c

3. b

4. b

5. d

学校郊游

1. b
2. c
3. b
4. d
5. c

历史

1. a
2. d
3. c
4. b
5. b

个人健康与社会教育

1. a
2. d
3. a
4. a
5. a

英语

1. c
2. c
3. c

4. b
5. a

心理学

1. a
2. c
3. c
4. c
5. b

政治

1. b
2. c
3. a
4. d
5. d

魔术

1. c
2. b
3. c
4. a
5. c

致　谢

我们喜欢"4"这个数字！指南针有四个方向，一年有四季，人有四肢，世界杯之间会相隔四年，而且本最喜欢的比萨上会放四种芝士。如今《足球学校》已经有4本了！让我们为我们的天才插画家斯派克致以最响亮的欢呼！

沃克出版社优秀的幕后团队引领着我们走向完美。我们非常感谢团队中的每一个人：主教练黛西·杰利科，体育指导丹尼斯·约翰斯通－伯特，战术指导劳蕾尔·巴津，以及乔希·阿里斯顿、罗西·克劳利、杰米·哈蒙德、乔·汉弗莱－戴维斯、路易斯·杰克逊、吉尔·基特生、詹姆斯·麦克帕兰德、梅根·米德尔顿、约翰·摩尔、丽贝卡·奥拉姆、艾德·雷普利和弗朗西斯·塔菲德。

我们很幸运有如此优秀的经纪人团队：丽贝卡·卡特、丽贝卡·福兰德、柯斯蒂·戈登、埃利斯·黑左格罗夫、大卫·勒克斯顿、佐伊·纳尔逊、尼克·沃尔特斯和丽贝卡·温菲尔德。

《现代语言》那章中所用的动物短语示例都是出自《你说足球语吗？》，作者是我们的朋友汤姆·威廉姆斯。那本书非常好看，也推荐大家都去买来看！

我们想要感谢以下人士所付出的时间，以及他们所贡献的专业知识：艾尔·贝内特、里克·布拉斯基、西蒙·布拉斯基、罗南·博舍、安格利亚鲁斯金大学的马特·布里斯托博士和谢尔·冯·帕里顿、奥诺弗雷·科斯塔、乔恩·亨德森、亚历克斯·霍利加、西蒙·霍洛宾、珍妮·劳伦斯、汉斯·莱特、杰森·马兰兹、约翰·麦卡洛克、伊恩·珀森、亚当·鲁宾、吉姆·塞尔斯、塞巴斯蒂安·斯坦伯里、克里斯托夫·特雷尔、托马斯·图赫尔和理查德·怀斯曼。

我们要大声恭喜以下这些优秀学员：卢卡斯和米娅·克里斯滕森、阿克谢·贾恩、乐观达人扎克·詹姆斯、尤金和菲利克斯·约略特、桑尼·兰皮特和杰米·斯托特。

本想感谢安妮，感谢她一直以来的启发，还要感谢克莱米和比比一直以来的笑容、支持与才华。亚历克斯想要感谢巴纳比、扎克和娜塔莉。

关于你的教练们

亚历克斯·贝洛斯会为《卫报》撰写文章，他已经写了好几本畅销科普书，还出版了两本数学涂色书。他非常喜欢智力游戏。

本·利特尔顿是一位作家、足球节目评论员和足球咨询师。他写了好几本书，说的是怎样才能踢出最佳点球，以及我们能从最优秀的足球领队那里学到什么。

斯派克·格雷尔从小就喜欢画画和踢足球。作为一名插画师,他现在可以通过画画谋生。不过他内心还是一直希望成为一名中场球员。